Le tarot de Marseille

Le tarot de Marseille

Astrid Lenoire

ANAGRAMME
éditions

Crédit photos :
© Shutterstock

Illustrations :
Pierre Beaucousin

Mise en page :
Emilie Chicart

ANAGRAMME EDITIONS
Dépôt légal 2e trimestre 2012
ISBN 978-2-35035-364-7

Site Internet :
www.anagramme-editions.fr

Imprimé en France par Horizon

Edité par ANEDIT
30-32, rue de Lappe
75011 Paris
info@anagramme-editions.fr

Sommaire

Introduction

Le Tarot de Marseille, jeu et moyen divinatoire, fascine et intrigue dans les deux cas. La chance va-t-elle nous sourire ?

Eloges ou critiques virulentes, le tarot en tant que moyen divinatoire éveille les passions. Toujours est-il que ces soixante-dix-huit cartes font partie de l'histoire occidentale, car elles ont traversé les siècles. Le plus ancien jeu de tarot connu, date du XVe siècle, mais il semblerait qu'il existait déjà des jeux divinatoires avant cette date.
Au fil du temps et des croyances, les cartes du tarot se sont élaborées dans le sillage des mouvements religieux, ésotériques ou mythologiques. Ainsi, la Kabbale, la numérologie, l'iconographie chrétienne, la mythologie gréco-romaine et la franc-maçonnerie ont particulièrement contribué à façonner et à donner une signification aux cartes du tarot tel que nous le connaissons aujourd'hui. Il est certain que ces cartes renferment en elles des secrets, des vérités à explorer.
L'analyse de chaque carte à la lumière de l'histoire médiévale et des représentations que l'on a conservées de cette époque, nous permet d'y voir plus clair.
La lecture des multiples significations des cartes est fondamentalement liée à l'image. Que voit-on sur ces cartes ? Qu'a-t-on voulu nous dire ?
Nous allons tenter de vous le dévoiler en analysant

chaque carte, chaque description nous amenant à en décortiquer le moindre détail et chaque détail ayant son importance. L'analyse visuelle permet à celui qui veut apprendre à tirer les cartes de se souvenir du sens de chacune d'entre elles par la simple observation des images, et non en récitant par cœur des textes de commentateurs. L'analyse fondée sur l'observation sera plus personnelle, issue du regard de celui qui tire (le consulté ou le voyant) et guidée par les réactions du consultant (celui à qui l'on tire les cartes).
De nombreux psychanalystes se sont penchés sur les tarots et leur rapport avec l'inconscient. Les images représentées sur les cartes sont en effet le fruit de l'inconscient collectif. Si, aujourd'hui, ces images sont assez épurées, l'essence même de chaque carte a été conservée. En outre, ces représentations fonctionnent toujours par association, elles évoquent, à chacun, une idée ou encore une personne et c'est un véritable dialogue qui se noue entre le tireur et le consultant par le biais de ces cartes - un dialogue à trois.
Cet ouvrage se propose tout d'abord, de vous donner un aperçu historique du tarot en général et plus particulièrement du Tarot de Marseille à travers les différentes étapes de son élaboration. Vous pourrez ensuite vous initier aux bases de cette méthode divinatoire et vous entraîner à la gymnastique visuelle et mentale nécessaire à toute bonne consultation. Vous apprendrez aussi que tirer les cartes du tarot doit se faire dans de bonnes conditions, et selon un rituel précis. Ainsi, vous saisirez petit à petit les subtilités du tarot avec des exemples de tirage. Enfin, chaque

carte fera l'objet d'une analyse plus approfondie afin de vous familiariser avec chacune d'entre elles.

Mais n'oubliez pas que ce que ce livre révèle n'est pas une grille de lecture rigide et systématique. Vous devez vous approprier ces analyses et les oublier, afin de les reformuler à votre manière en observant les cartes.

Ce livre n'a pas pour but d'être lu de bout en bout en une seule fois. Ce n'est pas un manuel à connaître sur le bout des doigts. Il doit être utilisé comme un guide où vous viendrez puiser petit à petit les informations dont vous aurez besoin et les subtilités qui vous échapperaient encore.

Ne le prêtez pas : une fois que vous en aurez extrait le savoir que vous y cherchiez, gardez-le caché au fond de votre bibliothèque, car les secrets qu'il dévoile ne sont pas pour tout le monde. Il se rappellera à vous chaque fois que vous en aurez besoin.

Alors, bonne lecture...

L'histoire obscure et mythique du Tarot de Marseille

Le Tarot de Marseille fait partie de la famille des tarots divinatoires. Ces jeux nous enseignent l'art de la divination et du parcours initiatique. Il existe différentes sortes de tarots divinatoires créés tout au long du XVIIIe siècle et jusqu'à aujourd'hui. Le Tarot de Marseille est considéré par les connaisseurs comme le tarot de référence. Son histoire, tout comme celle du tarot en général, est obscure. Il en existe peu de traces matérielles ou écrites. Cette absence peut s'expliquer par le jugement sévère qu'émit très tôt l'Eglise à propos de l'usage de ces cartes. Elle en avait même interdit la diffusion. Toutefois, cela n'empêcha pas leur large propagation en Europe à partir du XVIIIe siècle. La littérature ésotérique connut d'ailleurs à cette époque un large essor et comme au début de chaque nouveau millénaire, les prophéties se multiplièrent.

Vestiges et hypothèses d'une histoire du tarot

Matériellement, le plus ancien témoignage de tarots divinatoires conservé aujourd'hui provient de la Cour italienne des Visconti, qui régnait sur la Lombardie durant la Renaissance. Ce jeu de tarot se présente sous la forme de petites cartes enluminées, appelées *tarocchi*. Les représentations sont différentes de notre Tarot de Marseille : on y trouve les signes du zodiaque, les quatre éléments, des figures allégoriques (la Foi, la Prudence...), ainsi que des figures de papes.

Dans les textes conservés aujourd'hui, plusieurs références antérieures à ces cartes italiennes ont été découvertes. Cependant, à chaque fois, on ne fait que des allusions à ces jeux. Aucune description détaillée n'est donnée, si bien que l'on ne sait pas ce qu'ils représentaient ni comment on s'en servait. Il est avéré que, durant l'Antiquité, on utilisait plusieurs méthodes divinatoires différentes. Cicéron, par exemple, dans son traité *De la divination* rédigé en 43 avant Jésus-Christ, critique le « tirage des sorts » exercé selon lui par des charlatans. Ces derniers proposeraient des oracles obtenus à partir de tablettes tirées au hasard. Ensuite, bien plus tard, à la fin du XVIIIe siècle, Antoine Court de Gébelin, archéologue et franc-maçon français, élabore une comparaison entre des hiéroglyphes et le jeu de tarot. Pour lui, le mot « tarot » proviendrait de *tarosch* signifiant « science de Mercure » ou « Thot ». Il a inspiré les historiens du tarot qui croient en une origine égyptienne de ce jeu. Toutefois, le manque de preuves tangibles sur l'existence du tarot avant le XVe siècle n'a pas empêché les historiens et les chercheurs spécialistes du tarot d'émettre des hypothèses sur ses origines. Ces diverses théories s'opposent. Elles se fondent sur des suppositions plus ou moins fantaisistes et ne peuvent en aucun cas être des certitudes. Il est en effet difficile d'en faire valoir une plutôt qu'une autre, étant donnée l'absence de références. Toujours est-il que ces hypothèses continuent à nourrir le mystère entourant le tarot. Parmi celles-ci, certains pensent, comme nous venons de le voir, que le tarot est né en Egypte, sous les pharaons, comme l'attesteraient certains symboles retrouvés dans des hiéroglyphes. Les images du tarot seraient issues du livre légendaire appelé « le livre de Thot », à tel point que l'on nomme aussi cet ouvrage mythique « le livre des tarots ». Il aurait été transmis par le dieu de l'ancienne Egypte, Thot. Ce dieu de la sagesse, scribe des dieux ou encore devin, était représenté avec une tête d'oiseau. Les Egyptiens de l'Antiquité s'en référaient à lui pour qu'il les éclaire sur leur avenir. Ce livre de Thot contenait le savoir fondamental de l'éternité, pouvoir exclusivement divin. Son enseignement devait permettre de « voir le soleil en face ». On rapporte dans certains textes conservés de la Grèce antique que Pythagore aurait eu ce livre entre ses mains. Cette découverte l'aurait même convaincu de fonder son école. Le livre de Thot aurait même inspiré le fameux Ordre des Temples. Les défenseurs de cette théorie estiment que le jeu de tarot est le dernier témoignage de ce livre légendaire. Grâce au tarot, et à condition d'être initié, on peut atteindre ce savoir divin.

L'histoire légendaire du tarot ne s'arrête pas là. On pense qu'après la chute des pharaons, ce savoir aurait été transmis à des nomades (les ancêtres des Gitans), qui auraient voyagé ensuite en Inde et en Chine. Ils seraient arrivés jusqu'au Moyen-Orient actuel. Par la suite, les Sarrasins auraient apporté ce jeu en Europe. D'ailleurs, la légende persiste, puisqu'encore aujourd'hui, les « diseuses de bonne aventure » restent dans notre imaginaire les femmes gitanes que l'on croise dans la rue. Elles cultivent cette croyance et gardent en elles ce savoir ancestral.

Une autre hypothèse suppose que le tarot aurait été créé au XIIe siècle sous le patronage de l'abbé Suger. Cet abbé était à la tête de l'actuelle basilique Saint-Denis. Les fondateurs de cette théorie partent de ressemblances marquantes relevées sur les vitraux, ou les sculptures de l'édifice. Ces correspondances seraient visibles tant au niveau de la technique du dessin, que de l'iconographie.

Cette hypothèse a connu ses adeptes au début du XXe siècle, mais, à présent, on doute vraiment de sa valeur. On pense, par ailleurs, que l'iconographie du tarot serait issue du culte romain à Bacchus, le dieu de la vigne et du théâtre. Des troubadours itinérants auraient transmis les principes du théâtre antique de l'Empire romain jusqu'au Moyen-Âge. On s'en serait alors inspiré pour créer les cartes du tarot.

Certains chercheurs ont comparé également la doctrine des cathares avec les images du tarot, qui, il est vrai, font clairement référence à la religion chrétienne. Toutefois, les images restent allusives, et trop peu explicites pour faire de cette corrélation une certitude.

Le Tarot de Marseille, le tarot des origines

Le plus ancien jeu de Tarot de Marseille connu est conservé à la Bibliothèque Nationale de Paris. Il a été créé par Jean Noblet, un maître cartier parisien. Ce jeu, daté de 1650, est considéré conventionnellement comme le tarot des origines. Après cette date, on en conserve d'autres comme celui de Jean Dodal (Lyon) de 1701, de Payen (Avignon) de 1713, ou celui de Nicolas Conver, élaboré en 1760 à Marseille et qui donna ce nom de « Tarot de Marseille ». On se pose bien sûr la question de savoir s'il existait avant ces tarots conservés, des tarots de Marseille antérieurs. Encore une fois, on ne peut que rester sur des interrogations sans réponse.
La différence entre le Tarot de Marseille et les autres tarots conservés du XVe siècle, réside dans le traitement de l'image et des sujets évoqués. Ces représentations sont clairement issues de l'iconographie médiévale. Cette constatation nous guide et nous donne un axe de lecture possible. On peut donc s'appuyer sur des images médiévales existantes pour mieux cerner

quelle scène, ou quel personnage on a voulu dessiner. Ce tarot se compose de vingt-deux arcanes dits majeurs, et cinquante-six arcanes dits mineurs (quarante numérales et seize figures ou « Honneurs »). Pour lire ces cartes, les connaisseurs font appel à différents outils : l'iconographie médiévale, la numérologie, mais aussi les références kabbalistiques, les interprétations bibliques, ou encore le sens des couleurs. Nous allons les découvrir dans la troisième partie de cet ouvrage.

Ces grilles de lecture montrent encore une fois que le tarot provient de diverses croyances, de pensées qui ont participé à son élaboration. Aucune interprétation ne peut se prétendre unique. Chaque carte est le fruit d'un mariage de diverses influences culturelles et idéologiques.

Comment tire-t-on les cartes ?

A l'origine, il est fort probable que les utilisateurs du Tarot de Marseille ne procédaient pas à des tirages méthodiques complexes comme on le fait aujourd'hui. On se contentait plutôt d'étaler les cartes au hasard et de les observer, d'essayer d'y lire une prophétie. Aujourd'hui, on connaît plusieurs méthodes utilisées à des fins différentes. Elles sont reconnues par l'ensemble des praticiens du Tarot de Marseille. Parallèlement, certains tireurs préfèrent des méthodes qu'ils ont eux-mêmes mises au point. Toujours est-il que le débutant a tout intérêt à bien savoir maîtriser l'une ou l'autre des méthodes proposées dans cet ouvrage. Elles ont été maintes et maintes fois testées et exercées et répondent aux attentes d'un tireur. Toutefois, bien sûr, il pourra, une fois devenu un bon praticien, choisir d'inventer la sienne s'il en ressent le besoin. Encore une fois, ce livre ne doit pas être considéré comme une leçon ou un savoir rigide à appliquer froidement. Celui qui veut apprendre à lire les tarots a besoin de cette matière première. Il doit se l'approprier, la faire vivre en lui et l'adapter au consultant.

Les conditions nécessaires à un bon tirage

Le tireur

Le tirage du tarot peut se comparer à un rituel, un acte quasi religieux. Le tireur lit le monde avec ses cartes, il devient un intercesseur privilégié entre le consultant et une puissance divine : il doit s'initier. Le tarot permet également au consultant, tout comme la psychanalyse au patient, de se plonger dans la connaissance de soi. Le tireur devient une personne extérieure en qui le consultant a confiance. Il lui ouvre des domaines inexplorés. Il lui ouvre les yeux sur des choses en lui qu'il ne soupçonnait pas. La contemplation des images réveille en nous des pensées. Tel personnage, telle scène, nous rappellent un événement personnel, ou quelqu'un, par association d'idées. Ce monde d'images finit par agir sur nous. C'est pourquoi le tireur mérite d'être bien préparé à la consultation.
Il doit tout d'abord se mettre en condition, avant qu'il ne soit en présence du consultant. Celui qui tire les cartes doit être dans de bonnes dispositions physiques. Il est conseillé de se reposer, de se relaxer pour évacuer toutes les préoccupations de la journée, et ne se concentrer que sur la consultation. Il est déconseillé de tirer les cartes après le repas, car cela entraîne une somnolence et une déconcentration. Le tireur ne doit

pas fumer, ni boire pendant le tirage. Ses mains doivent être propres. Le bon tireur réussit à se projeter dans le psychisme du consultant et à savoir ce qu'il cherche vraiment.

Le lieu

Le lieu de la consultation doit également être bien préparé. La lumière doit être douce, les couleurs choisies en fonction des préférences du tireur de cartes. On conseille souvent de tamiser l'espace avec une lumière violette, qui favoriserait l'état méditatif. Le tireur doit se sentir familiarisé avec les lieux pour ne pas être distrait. Son esprit, son imagination doivent être concentrés et à l'affût du moindre indice, de chaque détail qui pourraient étoffer son discours et y apporter une solution la plus juste possible

Le contexte

Le calme lors du tirage est nécessaire et, au mieux, le silence. Le tireur doit être certain de ne pas être dérangé. Si le consultant essaye de lui parler pendant qu'il pose les cartes, ou qu'il les analyse, il risque de faire échouer la consultation. Il ne faut pas non plus que le tirage se fasse dans l'urgence et que l'un des deux soit pressé. Le tireur doit prendre le temps nécessaire pour analyser chaque carte. Par ailleurs, le consultant doit se sentir à l'aise, détendu avec le tireur. S'il est craintif, admiratif, ou bien si c'est un proche, le tirage risque d'être faussé. Il y a trop de contingences extérieures à la consultation. Elles créent des diversions. L'idéal serait que le tireur et le consultant ne se connaissent pas, mais qu'ils se soient rencontrés un peu avant le tirage pour se familiariser l'un à l'autre, et voir s'ils se comprennent.

Les cartes

Une fois que les deux protagonistes sont prêts, il reste à préparer le jeu. Le maniement des cartes est aussi un élément-clef pour réussir sa consultation. Le tireur possède son propre jeu, qu'il ne doit prêter à personne. Après chaque utilisation, il doit être rangé dans un écrin, bien à l'abri jusqu'à la prochaine consultation.
Avant de commencer à battre les cartes, il doit bien vérifier qu'il n'en manque aucune. On conseille en général de tirer le tarot de la main gauche, car elle serait plus réceptrice et liée au psychisme. Cependant, on préfère la main droite pour toutes questions liées à l'avenir professionnel et à la vie sociale du consultant. Certains préfèrent que ce soit le consultant qui tire les cartes, pour qu'il s'imprègne mieux du jeu et lui transmette ses vibrations. Ce choix dépend de chaque tireur, et il ne peut être imposé. En outre, le tireur doit battre les cartes pour éliminer tout souvenir qui pourrait rester du tirage précédent. Le mélange

s'effectue d'une main à l'autre, de gauche à droite. A la fin, quand les cartes ont été bien battues, le tireur souffle dessus de gauche à droite et demande au consultant de le faire. Après cela, le jeu ne doit plus être coupé pour ne pas perturber les vibrations.

Le consultant

Il est important d'insister sur le fait qu'un consultant doit toujours venir de lui-même au tireur, et ne jamais y être forcé. De même, un tireur ne doit jamais chercher à convaincre quelqu'un, ou le séduire pour l'amener à la consultation. Le seul but du bon tireur est, aux vues du jeu, de donner des conseils, faire des avertissements, pour soutenir le consultant et apporter des solutions à ses questionnements.

La question posée

La question, qui est à l'origine de la consultation, est également centrale pour un bon tirage. Elle est formulée par le consultant. Elle n'est pas obligatoirement précise, si le consultant souhaite rester vague, mais, par contre, elle doit être limitée dans le temps. Par exemple, il vaut mieux demander « Vais-je avoir une augmentation salariale dans les 6 prochains mois ? » que demander « Quand vais-je être augmenté ? ». Effectivement, le tarot ne prédira jamais une date, ou une période durant laquelle tel ou tel événement va survenir. C'est pourquoi la demande doit être fixée temporairement. De même, il vaut mieux poser une question positive que négative. Par exemple, il est plus judicieux de demander « Vais-je réussir cet entretien ? » plutôt que « Vais-je rater cet entretien ? ». Le tireur doit orienter le consultant pour que sa question entre dans ces critères. Il est nécessaire que tous les deux se mettent bien d'accord sur le sens de la question à résoudre. Le tireur doit bien comprendre ce qu'attend le consultant. Une fois que tous les deux se sont bien mis d'accord sur la question posée, le tireur ne procède qu'à un tirage pour cette question. Enchaîner les tirages, sous-entendrait que le tireur n'a pas confiance en ses cartes, qu'il peut leur faire dire tout et n'importe quoi. Le consultant et le tireur doivent être concentrés sur cette demande, presque hypnotisés. Elle doit guider tous leurs gestes. Si la consultation ne donne pas de réponse satisfaisante, il est recommandé de ne pas recommencer le même jour, mais d'attendre au minimum le lendemain.

Les méthodes de tirage

Il existe de nombreuses façons de tirer les cartes du Tarot de Marseille. Certaines trouvent plus d'adeptes que d'autres. Un bon pratiquant peut également, avec son expérience, élaborer sa propre méthode et trouver les manières de déceler la nature de ce qui se cache derrière les arcanes.

Toutefois, on trouve deux constantes : les tirages effectués pour répondre à une question précise, et ceux qui ont pour but de faire une prédiction générale sur l'avenir du consultant. Les tirages liés à une demande particulière sont plus souvent utilisés, car plus rapides et praticables régulièrement.

On distingue aussi les tirages qui utilisent toutes les cartes et ceux qui utilisent seulement les vingt-deux arcanes majeurs. Il est conseillé, lorsque l'on débute en tant que tireur, de commencer par utiliser une méthode ne se servant que des vingt-deux lames majeures, afin de bien s'habituer au sens de ces cartes fondamentales dans le jeu.

Les tirages à vingt-deux arcanes majeurs

Pour ces tirages, le tireur a besoin des vingt-deux arcanes, mais tous ne seront pas sélectionnés. Ce sont des tirages rapides. Ils demandent au tireur une certaine maîtrise de ces cartes, ou en tout cas, de connaître leur sens général. Il doit parvenir à répondre à une question précise, en ne se basant que sur trois ou cinq cartes, ce qui n'est pas forcément évident quand on commence. Au bout de plusieurs tirages, les mots pour décrire les arcanes viennent plus facilement : tout est question d'entraînement bien sûr, mais aussi de connivence avec le consultant.

Le tirage à trois arcanes

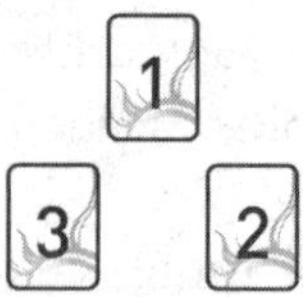

La première carte est placée dans la case n°1, la deuxième dans la case n°2, et la troisième dans la case n°3.
La case 1 représente le consultant.
La case 2 représente les contingences extérieures qui favorisent ou empêchent l'action.
La case 3 représente l'issue et la réponse finales.
Le consultant doit choisir deux cartes successivement. Le tireur place les deux cartes dans les cases correspondantes. Il les retourne et additionne le nombre de ces deux arcanes. Le résultat correspond au nombre de l'arcane qu'il doit poser dans la case 3.
Le tirage à trois cartes est aussi intéressant pour donner une vision d'ensemble pour une situation générale donnée par le consultant.

Prenons un exemple : Sylvie a bientôt trente ans. C'est une jeune femme qui a de l'assurance et qui ne se laisse pas marcher sur les pieds. Elle prend des

☆ Exemple de tirage

Va-t-il y avoir du nouveau dans ma vie professionnelle dans les 6 mois à venir ?
Carte 1 : le Bateleur
Carte 2 : la Force
Carte 3 : le Chariot
La carte 1 indique que le consultant a envie d'évoluer, et qu'il est sur le point d'agir.
La carte 2 de la Force précise qu'il atteindra son but, le nouveau poste qu'il vise, mais à condition de prendre le temps de réfléchir à son projet, et de ne pas tout quitter brusquement pour se lancer.
Enfin, le chariot vient conforter cette démarche car il annonce la prise de décision, la mise en route d'un nouveau départ imminent favorable et la nécessité de l'action. Le consultant a donc tout intérêt à se préparer, à peser le pour et le contre, à voir si ce qu'il vise correspond à ses attentes et à se lancer. Les cartes lui prédisent une issue favorable.

☆ Cas pratique : Sylvie a-t-elle envie de rencontrer quelqu'un ?

Le tireur lui propose de tirer trois cartes successivement :
Case 1 : la Maison-Dieu
Case 2 : la tempérance
Case 3 : l'Empereur
La case 1, correspondant à Sylvie, indique qu'elle se terre dans une structure figée soit de pensée (des principes trop étroits), soit physiquement (un lieu de vie éloigné de tout, une vie sociale limitée). La tour qui s'effondre indique qu'elle doit rompre tout cela, briser ce cocon pour réaliser un changement radical.
La case 2 : elle indique qu'il y a eu des différends, et en particulier avec une figure féminine, qui pourrait être d'ailleurs une figure qui la freine.
La case 3 : l'Empereur en synthèse indique qu'une rencontre est imminente, mais qu'il est nécessaire de résoudre ce conflit avec cette forme féminine. En effet, cette figure l'empêche de se laisser complètement aller à la rencontre de l'autre.

risques dans sa vie professionnelle et sait où elle veut aller. Toutefois, sa vie sentimentale est pour ainsi dire inexistante. Elle aimerait savoir ce qui se passe.

Le tirage en étoile ou en croix

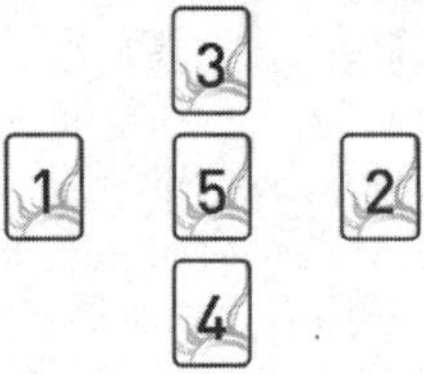

Ce tirage reste le plus apprécié des tireurs et le plus répandu. Il permet d'apporter une réponse plus précise, tout en n'utilisant qu'un petit nombre de cartes. Une fois, les cartes bien battues, et le souffle des deux participants posé sur le jeu, le consultant choisit quatre cartes, en pensant à la question qu'il a posée. Le tireur dispose ces cartes dans les cases correspondantes (première carte : case n°1, deuxième carte : case n°2, etc.). Ensuite, pour la cinquième carte, il demande au consultant de penser à un nombre de 1 à 22 inclus. Il le lui demande successivement quatre fois. Le consultant inscrit le nom de la lame correspondant au chiffre donné, puis fait la somme des nombres de chaque lame.
Le résultat obtenu, s'il est supérieur au chiffre 22, doit être additionné en ses constituants pour retrouver un chiffre inférieur.

Exemple : 2 + 15 + 20 = 37. Pour trouver un nombre inférieur : 3 + 7 = 10. L'arcane 10 sera au centre de la croix, elle est déterminante pour résoudre la question posée.

Le tireur se trouve donc avec cinq cartes disposées devant lui selon le schéma suivant :
La carte 1 qui représente la carte du consultant et de son potentiel, c'est l'Affirmation.
La carte 2 qui représente le monde extérieur, les obstacles et les difficultés, c'est la Négation.
La carte 3 qui représente l'aide psychique et morale, l'intervention qui aide ou aggrave, c'est la Discussion.
La carte 4 qui représente la résolution sur laquelle on peut s'appuyer, c'est la Solution.
La carte 5 qui représente la question de départ, c'est la Synthèse.

L'Affirmation permet de voir ce qui permet de trouver une issue favorable, les qualités de départ, comme un ami fiable ou un événement. La Négation marque le danger, ce qui peut faire basculer du mauvais côté. La Discussion vient apporter des précisions sur la décision finale à prendre. La Solution présage un résultat en tenant compte du pour et du contre. Enfin, la Synthèse apporte la réponse à la question éclairée par les quatre autres cartes. Si la Synthèse est trop vague, mieux vaut reformuler la question et effectuer un autre tirage.
Si le consultant souhaite une réponse plus détaillée, le tireur peut préciser sa lecture. A partir du jeu, il effectue l'un des calculs suivants qui déterminera une lame. Elle viendra éclairer les points suivants.
- Obstacles à venir/contexte dans lequel la solution va intervenir : addition de la carte 1 et de la carte 2.

- Manière dont sera réalisée la solution : addition des cartes 3 et 4.
- Détails de la solution : somme des cinq cartes + leur résultat.

☆ Exemple de tirage : Ai-je des chances de gagner mon procès ?

Carte 1 : le Bateleur
Carte 2 : la Force
Carte 3 : le Chariot

1er arcane : l'Impératrice
Analyse : le dialogue est possible, le consultant a les arguments nécessaires et l'intelligence pour le résoudre.
2ème arcane : l'Arcane sans nom
Analyse : une fatalité, ou un événement qui ne dépend pas du consultant peut bouleverser inévitablement la situation
3ème arcane : le Pape
Analyse : il apporte bienveillance. Il conseille et adoucit l'arcane XIII. Il apporte sa protection.
4ème arcane : la Tempérance
Analyse : un compromis est trouvé, et une solution positive. C'est un élément médiateur.
5ème arcane : la Justice
Analyse : cet arcane rétablit l'équilibre. Elle est placée au-dessus de la Tempérance et apporte succès au consultant.

Résumé : après certains rebondissements (arcane XIII), le consultant est assuré de gagner le procès grâce au Pape et à sa bienveillance, ainsi qu'à sa maîtrise de la situation (Impératrice).

Le problème est résolu sans haine, ni dispute. La réponse peut être formulée différemment, mais, en tout cas, la solution finale est positive.

Les tirages utilisant toutes les cartes du Tarot de Marseille (les soixante-dix-huit lames)

Le tirage dit « astrologique »

Ce tirage est plus complexe : il nécessite que le tireur maîtrise bien le sens de tous les arcanes. De plus, il ne doit s'effectuer qu'une ou deux fois par an, car il touche à tous les domaines de l'existence du consultant. Il soulève de nombreuses questions, creuse l'intime du consultant et le mène dans un voyage intérieur.
Ce dernier n'a pas à poser de question préalable. Le tireur fait une sorte d'état des lieux de sa vie à partir des cartes qu'il va tirer.
Le tireur pose les vingt-deux arcanes majeurs retournés devant le consultant pour qu'il en choisisse 12 au hasard. Au fur et à mesure, il les donne au tireur sans les retourner. Ce dernier les place une par une sans changer leur ordre et la manière dont le consultant les lui a présentées. Les cartes sont disposées selon ce schéma : la première carte se place sur la case n°1, la deuxième sur la case n°2 etc.

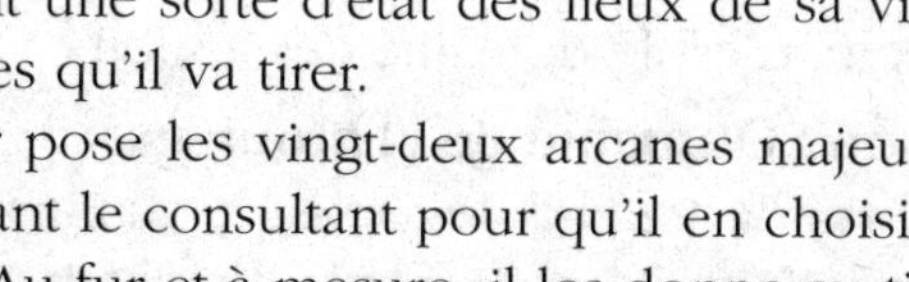

Ce schéma est repris du *Traité de géomancie* d'Eugène Caslant, écrit en 1935. C'était un scientifique qui s'était intéressé au tarot. Toutes ces cases créent ensemble une entité. Chacune d'elles se nomme « Maison », terme que l'on retrouve en astrologie, et se rapporte à un domaine particulier. Voici ces douze maisons :

1ère Maison : Domicile de Vie

Cette case est l'image du consultant, ou de la personne pour qui est effectué le tirage. Elle donne des indications sur son tempérament, son physique, son état d'âme, ses craintes, ses intentions et sa personnalité profonde.

2ème Maison : Domicile des Biens

Elle touche le domaine pécuniaire, les rentrées financières, les placements, les profits matériels, mais aussi les bénéfices que l'on peut tirer d'une relation amicale par exemple. C'est le domaine des apports.

3ème Maison : Domaine de l'Entourage

Elle concerne la famille, les amis, les connaissances. Cette Maison fait référence aussi au mental, aux petits événements du quotidien.

4ème Maison : Domaine de l'Hérédité Paternelle

Cette case est rattachée à tout ce qui touche la figure paternelle : la famille du père, ses richesses, ses déboires, ses querelles. Ici se trouve aussi tout ce qui touche à l'enfance. C'est aussi là que se révèlent les secrets, les non-dits, mais aussi les rebondissements, ainsi que les issues aux situations complexes.

5ème Maison : Domicile des Enfants

Cette Maison se rapporte aux enfants du consultant, mais aussi à ce qui touche sa vie mondaine et extraconjugale si c'est le cas. Elle se rapporte aussi à la créativité du consultant.

6ème Maison : Domicile de la Servitude

Cette case concerne la santé du consultant et de ses proches. Elle est liée aux tromperies, aux erreurs et aux difficultés (physiques et morales) rencontrées dans la vie.

7ème Maison : Domicile du Conjoint

Elle fait référence au conjoint du consultant à tous niveaux, à ses associations et partenariats.

8ème Maison : Domicile de la Mort

Cette case touche aux douleurs et souffrances physiques et morales rencontrées par le consultant. Elle touche à la mort et aux mauvais pressentiments.

9ème Maison : Domicile de la Religion

Cette Maison se rapporte à la spiritualité du consultant, à ses moments de réflexion et d'introspection, à ses croyances.

10ème Maison : Domicile des Honneurs

Elle se rapporte au domaine professionnel, aux actions du consultant, et à son ambition. Elle touche tout ce qui a trait à sa vie sociale. C'est la case la plus importante du jeu.

11ème Maison : Domicile des Amis

Cette Maison est liée à la chance du consultant, au profit qu'il peut tirer de ses relations, des aides qu'on peut lui apporter.

12ème Maison : Domicile des Afflictions

Elle révèle ce que l'on veut savoir sur ses ennemis, ce qu'ils nous réservent, les peines qu'ils vont nous causer. Elle présage aussi les pertes matérielles, mais aussi les maladies graves.

La place de ces Maisons dans le jeu :

Les Maisons des angles 10, 7, 1 et 4 sont décisives.
Les Maisons 5 et 11 sont considérées comme positives, car elles favorisent les lames.
Les Maisons 6, 8 et 12 au contraire sont négatives, car elles amoindrissent les lames.
Les Maisons 2, 3 et 9 sont neutres.
Une fois que les douze cartes sélectionnées sont bien toutes disposées, le tireur place à l'écart les lames majeures restant avec les lames mineures. Il retourne les lames sélectionnées.
Si le consultant souhaite plus de détails, ou si le tireur estime avec lui que les cartes ne « parlent » pas assez, ce dernier peut procéder à un autre tirage. Il laisse les cartes retournées en place et prend le tas de cartes laissé de côté pour les mélanger. Il souffle dessus et fait souffler le consultant. Celui-ci choisit alors douze autres cartes, qu'il donnera de la même manière au tireur. Ce dernier les dépose face cachée sur les cartes déjà retournées. On considère que la première carte posée est celle qui donne le thème principal de la Maison où elle se trouve. La seconde carte précise la manière, les événements qui vont entourer ce thème.
Si, après la connaissance des deux cartes d'une même Maison, le consultant souhaite encore davantage de précisions, il est possible de tirer à nouveau douze autres cartes. En tout cas, il faut toujours tirer douze cartes et ne jamais tirer une seule carte pour une seule Maison, cela fausserait le jeu.
Afin de vous aider à pratiquer cette méthode, vous

trouverez à chaque présentation d'un arcane majeur, son sens commun dans chacune des douze Maisons. Nous vous rappelons que cette grille de lecture doit rester un point de départ et non pas une règle rigide à suivre.

Le tirage horoscopique

Toutes les cartes sont battues ensemble. On reprend le même schéma que précédemment et le même système de tirage, sauf que le consultant le répète quatre fois de suite. Il doit donc y avoir quatre cartes par case. Ces quarante-huit cartes sont liées à l'état général du consultant. Ces quatre cartes concernent à chaque fois :

la partie physique (1ère carte)
la partie passionnelle (2ème carte)
la partie psychique (3ème carte)
la partie mentale (4ème carte)

Ensuite, le tirage n'est pas terminé. On fait tirer douze lames au consultant, que le tireur dépose de droite à gauche. Ces cartes permettent d'obtenir les rapports entre les Maisons et les événements qui les traversent. Les cartes restantes, soit dix-huit cartes, pourront être tirées si le consultant souhaite des développements. Pour que le tirage soit parfait, toutes les cartes doivent être utilisées.

La méthode des trente-huit lames

Pour cette méthode, on utilise les vingt-deux arcanes majeurs et les seize arcanes mineurs figurés, ce qui fait trente-huit cartes. Comme pour toutes les sortes de tirages, le tireur doit battre les cartes. Il étale ensuite toutes les lames sur un tissu de couleur neutre ou claire, étendu sur la table devant lui. Le consultant tire d'abord deux cartes, qu'il dispose à sa gauche, l'une à côté de l'autre comme cela : 1 - 2 – 3 – 4 – 5.

Les cartes 1 et 2 symbolisent le passé, la vie vécue jusqu'à aujourd'hui, l'origine.

La carte 3 symbolise le présent.

Les cartes 4 et 5 symbolisent le futur immédiat.

A partir de ces cinq cartes, vous pouvez vérifier l'exactitude des cartes 1 et 2, puis ce qui a amené le consultant à la carte 3. Les cartes 4 et 5 permettent de faire une première constatation. Après, le consultant doit tirer deux autres cartes (6 et 7), que le tireur posera à la suite des autres, sur la même ligne. Celles-ci éclairent sur les conséquences et les perspectives de ce futur exprimé par les cartes 4 et 5. Enfin, le consultant doit tirer deux autres cartes (8 et 9) pour déterminer le jugement final, ce qui va advenir en dernier lieu.

Le sens de la lecture est toujours de gauche à droite.

Ce tirage nécessite une grande réflexion de la part du tireur et du consultant, et il est important de prendre son temps pour en tirer des conclusions.

Notons aussi que si la Reine de bâton et l'Impératrice se trouvent côte à côte, l'arcane majeur l'emporte et l'arcane mineur confirme qu'il s'agit d'une même personne. En effet, ces deux cartes se ressemblent et, assemblées, elles se confondent. Pour le consultant, cela signifie qu'une personne lui veut du bien, peut le soutenir.

☆ Exemple de tirage

Un jeune homme a pris des risques pour se lancer dans la création d'une entreprise. Il a depuis rencontré certaines difficultés. Parviendra-t-il à s'en sortir ?
Cartes 1 et 2 : le Pendu, la Carte sans nom.
Carte 3 : le Cavalier de bâton
Cartes 4 et 5 : le Valet de denier, la Tempérance
Cartes 6 et 7 : l'Empereur, la Reine de coupe
Cartes 8 et 9 : le Roi de denier, le Roi d'épée.

Le passé du consultant semble avoir été semé d'embûches de toute sortes, de doutes, et d'hésitations. Il doit remettre en cause pas mal de choses sur sa vision de vie (carte 1 et 2). A présent, les choses évoluent grâce à son courage et sa détermination (carte 3). Une rencontre intéressante va lui permettre de souffler, de voir plus clair. Quelqu'un de dévoué, en qui il peut avoir totalement confiance, et est besogneux. La carte 5 marque aussi qu'il va devoir prendre le temps de la réflexion, peser ses décisions avant de les mettre à exécution. Il va devoir entretenir aussi ses relations, échanger les idées pour savoir comment mieux avancer et avec qui. A ce stade, on ne peut pas dire s'il va échouer ou non. Les cartes 6 et 7 nous éclairent. L'Empereur précise que sa situation a été bien mûrie, et que le projet peut avancer rapidement. Une femme, qui peut être une collaboratrice ou une compagne, va lui servir d'intermédiaire et de représentante pour finaliser ce projet, le crédibiliser. Enfin, les cartes 8 et 9 précisent que certaines négociations vont avoir lieu avant de trouver un terrain d'entente satisfaisant pour tout le monde.
Le jeu nous montre donc que les risques qu'a pris le jeune homme vont payer. Il doit simplement s'accrocher à ses principes, ne pas désespérer, car les négociations, malgré le temps qu'elles prendront, se termineront favorablement pour lui. Il doit rester fidèle à ses idées, tout en restant prêt pour le dialogue, surtout en ce qui concerne le domaine financier.

Le sens des 78 arcanes

Les arcanes majeurs racontent tous une petite histoire. Il est généralement assez facile d'en comprendre le sens, mais parfois des éléments nous échappent. Le lien entre les personnages et l'action qui se déroule n'est pas toujours évident.

Cette difficulté se rencontre encore plus fréquemment pour les arcanes mineurs. Les figures, appelées aussi « honneurs » apparaissent seules sur la carte, sans contexte, ou détails qui pourraient nous éclairer. Cette constatation est encore plus flagrante pour les arcanes mineurs numéraires abstraits. Toutefois, il existe des constantes qui peuvent nous aider à mieux lire ces cartes aussi obscures soient-elles.

Quelques outils de lecture

Pour lire les cartes du Tarot de Marseille, on fait appel à plusieurs outils. Tout d'abord, on observe les couleurs présentes dans l'arcane, que ce soit le bleu du chapeau, de la chevelure, ou la couleur de la table. Un symbolisme précis s'y rattache. Il est issu de l'iconographie médiévale, mais aussi de correspondances diverses provenant des différentes croyances et pensées rattachées au Tarot de Marseille. Selon les commentateurs, vous trouverez parfois de légères différences, mais voici les principes de cette symbolique :
le rouge : l'activité, les passions
le bleu : la passivité, le spirituel
le noir : le mal, l'inconscient à transformer
la couleur chair : la vie, la matière.
le jaune : le mental abstrait, les idées
l'orange : le mental concret, pratique
l'or : le divin, la lumière de l'esprit

Certains commentateurs analysent aussi le nombre de l'arcane, sa position dans le jeu. Ils se servent de la numérologie. A chaque nombre est attribué tel ou tel symbole, et des calculs permettent . Toutefois, il aurait été trop complexe d'exposer cette méthode ici, et lorsque nous l'évoquons, nous essayons d'être le plus clairs possible.
L'orientation du corps des figures constitue une grille de lecture intéressante. Elle nous indique la nature de l'action. Prenons un exemple : si le personnage est de

profil à gauche, cela signifie qu'il se pose et médite. S'il est de face, il accomplit une action réfléchie, mentale. De profil à droite, son action est directe et en cours d'évolution. Lorsque le personnage est debout, son travail est latent.

Il va accomplir une activité, qui lui demande de l'énergie et un esprit de commandement.

La tête est importante aussi. Si elle est tournée à gauche, comme le Bateleur, mais de face et debout, il y a réflexion avant action directe. La tête marque la volonté, le commandement dans le tarot. Si la tête est découverte, la figure fait preuve de volonté dans l'abstrait. La couronne marque une volonté subtile et étendue à tous les domaines. Les autres coiffes se rapportent au matériel, à la volonté impersonnelle.

La chevelure, comme vous le verrez, prend différentes couleurs et formes. Les cheveux incolores signifient un manque de volonté, et ceux qui sont colorés montrent que le personnage a un mental plus manifesté. Si les cheveux sont bleus, la force reste enfermée dans le spirituel et tend à y rester. Les cheveux épars marquent une puissance de volonté. Enfin, les cheveux noués n'ont pas de sens particulier.

Le cou, s'il est protégé, indique un laisser-aller, un manque d'assise ; par contre s'il est découvert il révèle un esprit libre. Le buste est lié à l'animique, l'inconscient, tout comme la ceinture. Il indique qu'il est raisonné, contrôlé. Les bras précisent les actions intelligentes, interprètent le mental. Un bras baissé illustre l'action qui va porter ses fruits. Le bras sur la ceinture précise que le personnage va prendre une décision.

Enfin, le pied en l'air, comme l'Empereur, annonce un départ, une prise de décision.

Enfin, il est à noter que si le consultant tire une carte renversée, elle ne doit pas être retournée par le tireur. On considère que le sens de la carte en question s'en trouve lui-même inversé, et ce qui était positif devient négatif, et vice versa.

Avant d'analyser les arcanes les uns après les autres à la lumière de cette grille de lecture, voici les différentes étapes de l'observation d'un arcane. L'ordre suivant est peut-être la seule chose que le tireur doit suivre de manière stricte :

- observation de ce que vous voyez. La carte doit être analysée dans tous ses détails.
- un sens abstrait dérive de cette étude pour donner le caractère général de la lame.
- traduction du symbolisme propre au principal sujet de la lame
- développement des détails par interprétation des attributs, des couleurs, des particularités de la lame
- étude de l'orientation de la figure
- sens de la dénomination employée pour la lame, application de ce sens au mode concret, subordonnée au sens abstrait avec ces trois axes : le mental/les passions émotives/le côté utilitaire de la vie (le physique)
- voir si la carte est renversée ou non pour inverser le sens
- définition du sens élémentaire de la lame à la lumière de ce que le consultant vous exprime

Entrons maintenant dans l'univers fascinant des arcanes du Tarot de Marseille...

Les Arcanes majeurs

Arcane I - Le Bateleur

C'est le personnage le plus cabotin et le plus amusant qui constitue la première lame du Tarot de Marseille. Tel un bouffon dans les cours médiévales, il nous invite d'emblée à entrer dans l'univers du tarot. « Approchez ! » semble-t-il nous dire, « Approchez, et venez voir mes tours de passe-passe ! ». En réalité, ce ne sont pas des tours qu'il veut nous présenter sur sa table, mais un clin d'œil aux trois grandes familles d'arcanes mineurs du jeu de tarot avec lesquelles il va jongler.

En effet, le Bateleur, de l'ancien français *baastel* signifiant « tour de magie », est représenté sous le nombre 1 en chiffre romain. Le Bateleur est celui qui, dans les rues, distrait les foules et les prend à partie avec ses pitreries. Il est de face, le regard tourné vers notre gauche. Son vêtement est, pour l'essentiel, bleu et rouge, et ponctué de jaune au niveau de la ceinture et des manches. Il porte un chapeau rouge et jaune en forme de 8 couché. Ses pieds sont chaussés d'une chaussure bleue et d'une rouge. Sa chevelure blanche mi-longue se termine en boucles jaunes soigneusement dessinées. Il tient dans sa main gauche un bâton, et dans sa main droite, entre le pouce et l'index, un rond, qui semble représenter un denier, ancienne monnaie française de cuivre. Par son geste de la main gauche, on devine qu'il va jongler avec le bâton et le sou, ou, en tout cas, les rassembler pour en faire quelque chose. La table, installée devant lui, ne possède que trois pieds. Le dessin est fidèle aux représentations médiévales où la perspective n'est pas celle adoptée par la suite à la Renaissance. En effet, à cette époque, les peintres d'enluminures ne cherchaient pas à représenter exactement la réalité telle qu'elle existait sous leurs yeux, mais plutôt l'idée qu'ils s'en faisaient. Ils voulaient avant tout raconter un récit, illustrer des textes religieux, et seule la fidélité au texte comptait. Les cartes du Tarot de Marseille ont été dessinées dans cet esprit.

Sur cette table est exposée une série d'objets que l'on s'accorde à analyser comme les trois grandes familles d'arcanes mineurs :

- coupes ou gobelets - une jaune et une rouge.
- deniers - deux rouges et quatre jaunes.
- épée ou couteau appelé aussi « dague » - lame blanche et manche bleu.

Il reste trois autres éléments sur cette table : le fourreau bleu de l'épée, deux dés et une petite besace jaunes. D'autre part, cette scène semble se dérouler dans un paysage champêtre. On aperçoit des touffes d'herbe verte à ses pieds et, au loin, un cyprès légèrement courbé par le vent.

Analyse de la carte

Commençons par analyser les couleurs que porte le Bateleur. Elles ont un sens, comme nous l'avons

vu, et on va les retrouver tout au long du Tarot de Marseille.
Sur cette lame, le bleu et le rouge sont présents de manière équilibrée. Le Bateleur parle donc sur le registre de l'esprit (bleu) et sur celui des passions terrestres et du matériel (rouge). La force mentale, l'intelligence, symbolisées par le jaune sont largement présentes aussi au niveau des bras et de la tête. Ses cheveux blancs et dorés au bout expriment l'intelligence (doré) qui résulte de l'expérience apportée par l'âge (blanc). Toutes les couleurs primaires se rejoignent en lui, et il concentre ainsi tous les possibles. Il possède à la fois le savoir de quelqu'un qui a vécu, et l'impatience du jeune homme qui se lance dans la vie adulte.
Le Bateleur cherche à nous montrer quelque chose. Il nous intrigue. C'est un personnage actif qui, grâce à ses instruments, peut agir et nous émouvoir, nous étonner. Il possède un savoir qu'il est apte aussi à nous apprendre. Ce savoir semble être celui des mystères du tarot. Mais il n'a pas encore commencé son tour, il est sur le point d'agir. Son corps est de face. Il va agir, mais son visage est détourné de l'action à venir.
On comprend qu'il s'accorde un instant de réflexion avant de réaliser son geste. Son regard se tourne vers notre gauche, vers le passé, ou vers l'avenir pour certains, en tout cas il lance comme un air de défi.
Le Bateleur a sorti ses principaux attributs pour entreprendre ses numéros, et sa besace en renferme certainement encore d'autres. Non seulement ces instruments symbolisent les arcanes mineurs, mais également

les quatre éléments :

- les deniers, associés à la terre
- l'épée à l'air
- les coupes à l'eau
- le bâton au feu

Par ailleurs, d'après certains spécialistes, les dés posés sur la table auraient pour nombre 1 et 5 soit au total, 6. Or, en numérologie, si l'on cherche la valeur secrète de 6 et que l'on effectue une addition théosophique, on obtient : 1+2+3+4+5+6 = 21, soit le nombre d'arcanes majeurs du tarot (excepté le Mat dont on verra le rôle neutre). Il rassemble ainsi toutes les données terrestres et spirituelles.

Sens du Bateleur dans votre jeu

Le sens d'une carte dépend bien sûr de sa position dans le jeu, toutefois on peut relever des constantes :

Aspect positif

Le Bateleur, à la fois mage, magicien et illusionniste, par sa volonté, agit sur le monde de la nature et celui de la vie. Il symbolise le moment de l'initiative et celui de l'action. C'est pourquoi il présage, lorsqu'il est tiré, un fait marquant, le point de départ d'un événement important. Il représente aussi la jeunesse, celle qui cherche les sensations, les expériences et n'a pas peur de se lancer. C'est la carte de la vitalité et d'une santé favorable, selon la place de la carte dans le jeu, ou parmi les autres cartes qui l'entourent.

Aspect négatif

Selon le tirage, sa présence peut aussi exagérer ces traits. Ce personnage débrouillard devient quelqu'un de dispersé et qui a du mal à se concentrer. C'est un indécis qui doit apprendre à maîtriser son impulsivité et son manque de patience. Si la question touche la santé, le consultant a une tension nerveuse trop élevée, des maux de tête et des insomnies. De même lorsque la carte est renversée, il annonce une dispute, voire un violent conflit, ou de mauvais choix financiers.

Position dans le jeu

➤ Première carte tirée :
Le consultant est une personne énergique, qui réagit à la moindre occasion. Il recherche les nouvelles propositions, les nouveaux challenges.
➤ Autre position dans le jeu :
C'est toujours le symbole du commencement. Cette carte vise la jeunesse, l'avenir, elle ajoute de la spontanéité au jeu. En fonction des lames qui l'accompagneront, le bateleur signifiera le désir d'entreprendre, les initiatives, la vigueur dans l'action ou une période de renouveau.

Sens pour le tirage astrologique

- En Maison I : le Bateleur représente le consultant. Il indique qu'il a une force de caractère telle qu'il est apte à tout tenter, et à se tirer d'affaire dans tout ce qu'il entreprend.

- En Maison II : les finances peuvent s'améliorer si le consultant se prend en main, et s'il s'impose clairement.
- En Maison III : les frères et soeurs prennent une place importante moralement, et sont toujours là en cas de difficultés. Cela peut marquer aussi une rencontre fortuite qui peut s'avérer être une belle et durable relation.
- En Maison IV : le Bateleur prévient d'une nouveauté matérielle du point de vue familial. Peut-être l'acquisition d'un nouveau bien immobilier ou le choix d'une nouvelle maison.
- En Maison V : la relation amoureuse se passe à merveille et une naissance semble être envisageable. Le domaine créatif est également favorisé.
- En Maison VI : le Bateleur annonce un profond changement professionnel qui est du fait du consultant lui-même.
- En Maison VII : le domaine mondain est propice au Bateleur. Il sait plaire, et grâce à cette capacité, il arrive facilement à ses fins.
- En Maison VIII : il annonce un apport d'argent, et peut-être aussi la fin d'une histoire ou d'une relation.
- En Maison IX : le Bateleur favorise les recherches et les réflexions en vue d'un travail. Les déplacements, le changement de paysage, les rencontres permettront de faire évoluer une situation amoureuse compliquée.
- En Maison X : l'analyse de cette maison se fait toujours en parallèle des Maisons 1 et 4 ; cependant,

d'une manière générale, le Bateleur indique qu'une prise de décision marquante dans le domaine social va avoir lieu.

- En Maison XI : le consultant est bien entouré et ses projets, aussi complexes soient-ils, reçoivent des appuis de toutes sortes.
- En Maison XII (maison liée à la maladie, à l'échec, à l'inconscient et aux frustrations) : il ne réserve rien de positif, et signifie que le consultant fait face à de nombreuses difficultés, et a besoin de résoudre un certain nombre de questions pour pouvoir commencer de nouveaux projets, ou entamer une nouvelle histoire amoureuse. Or, le Bateleur prend des risques et agit sans prendre le temps de la réflexion. Dans ce domaine, il faudra que le consultant acquière de la prudence, et se donne le temps d'agir.

Arcane II - La Papesse

C'est une figure bien différente que l'on trouve dans le deuxième arcane. Cette femme à l'allure hiératique nous invite à un peu plus de sérieux. On devine sa féminité par le voile blanc qu'elle porte sur sa tête, car son corps reste caché sous l'épaisseur de ses lourds vêtements. On ne connaît pas de femme pape dans l'histoire catholique, mais il semblerait qu'entre le XIIIe et le XIVe siècle en Italie, certaines femmes, des princesses ou des prophétesses, se faisaient appeler par ce nom issu de *papissa*, « femme pape » en latin médiéval du XVe siècle. Cette figure féminine fait également penser aux théories sur l'origine égyptienne du tarot. En effet, dans la mythologie égyptienne, Isis était la figure de la prêtresse, de la déesse-mère.

De même, il semblerait que certains anciens jeux de Tarots de Marseille nommaient la carte 2 « Junon », qui est la déesse romaine protectrice des femmes mariées. La Papesse se tient en position de trois quarts, et a, comme le Bateleur, les yeux tournés vers la gauche. Elle est assise, sur un trône invisible, et derrière elle, est cloué un drapé couleur chair servant de dais. Certains voient dans ce voile tendu, une allusion à la Bible et au récit de l'Apocalypse, thème qui, comme nous allons le voir, revient souvent dans les cartes du tarot. En effet, en latin « lever le voile » se dit *ap calupto*. Elle interviendrait alors pour éclairer celui qui prend le jeu de tarot sur les mystères du monde. Peut-être la solution est-elle dans le livre qu'elle tend ? Par-dessus une épaisse robe rouge, elle porte une longue cape bleu roi. Le haut de sa cape, au niveau du cou, se termine par un col doré. Parfois, vous lirez que la petite forme noire dessinée sur une des bandes dorées de la robe rouge représenterait un trou de serrure : elle renfermerait en elle un trésor à prendre, à découvrir. Cette hypothèse semble étrange, car cela n'aurait aucun pendant dans l'iconographie médiévale, et aucun rapport avec le rôle d'une femme pape. Sa tête est couverte d'un voile blanc sur lequel se dresse une tiare à trois étages. A chacun de ces trois niveaux court une rangée de pierres précieuses en forme de fleurs rouges et vertes. Elle nous incite à prendre le livre ouvert sur ses genoux pour découvrir son mystère.

Analyse de la carte

Il est sûr que la Papesse cherche à nous enseigner quelque chose. Elle ne s'y prend pas comme le Pape, arcane V, qui va haranguer les foules pour répandre sa bonne parole. Elle agit tout en discrétion et propose de nous initier par une réflexion personnelle. Son côté majestueux et immobile la rend également rassurante. C'est une figure maternelle qui a enfanté, et qui garde encore en elle le mystère de la gestation. Elle règne sur le corps physique, spirituel et divin, comme le symbolisent les trois rangs de la tiare, attribut de la souveraineté. Grâce à elle, on peut trouver des solutions, résoudre des difficultés et triompher des influences néfastes. Elle nous apprend la sagesse et la concentration sur le spirituel, comme la forte présence du bleu dans la carte nous le révèle. Le rouge, le physique, les passions sont étouffés, contrairement à l'arcane du Bateleur où les couleurs s'équilibraient. Elle aide à réaliser des idées en cours de maturité. Cependant, elle peut reprendre son livre, le refermer aussi vite et choisir de ne divulguer son savoir qu'à ceux qui le méritent vraiment. Elle nous rappelle également que la vraie vie est intérieure. Toute solution doit d'abord être recherchée au fond de soi. Pour cela, il faut être en paix avec soi-même.

Sens de la Papesse dans votre jeu ?

Le sens d'une carte dépend bien sûr de sa position dans le jeu, toutefois on peut relever des constantes :

Aspect positif

La présence de la Papesse dans le jeu d'un consultant est riche d'enseignements. Elle marque le moment où certaines choses vont être découvertes. Leur mise à jour peut se révéler très profitable pour le bien-être du consultant. Elle correspond aussi à un moment d'apprentissage, de formation, très utile pour l'avenir. Elle peut présager aussi la naissance proche d'un enfant dans l'entourage du consultant.

Aspect négatif

Elle peut correspondre aussi à un moment d'angoisse pour l'avenir, voire de dépression. Cette pression psychologique peut provenir de choses cachées par l'entourage, ou d'événements néfastes en train de se préparer à l'encontre du consultant.

Position dans le jeu

➤ Première carte tirée :
elle signifie que le consultant est quelqu'un de posé, raisonnable et plutôt renfermé. Il ne prend pas de risque et manque d'ouverture aux autres.
➤ Autre position dans le jeu :
elle peut révéler plusieurs choses en fonction des arcanes qui l'entourent. Dans le domaine de la santé, elle prévient de douleurs chroniques à l'estomac, liées à une pression extérieure et à l'angoisse. Elle prévient aussi qu'il faut être attentif à une femme qui pourrait nous nuire. Plus positivement, elle révèle l'état de grossesse de la consultante ou de quelqu'un de l'entourage.
➤ Aux côtés du Pape :
présage d'une union matrimoniale ou de la signature d'un contrat dans toutes sortes de domaines.

Sens pour le tirage astrologique

- En Maison I : si le consultant est une femme, la présence de la Papesse dans cette Maison présage des propositions de toute part, des réalisations de projets comme une naissance par exemple. Si le consultant est un homme, la Papesse annonce la rencontre d'une femme qui va le bouleverser.
- En Maison II : des rentrées d'argent sont à prévoir.

- En Maison III : une femme va intervenir dans n'importe quel domaine que ce soit. Des rencontres amicales ou amoureuses vont également avoir lieu.
- En Maison IV : le lieu de vie va connaître des évolutions, déménagement ou restructuration générale de l'intérieur et de la décoration, afin de se sentir mieux. Cela peut être aussi le signe de la création d'un espace pour deux.
- En Maison V : la Papesse indique ici le renforcement d'une relation amicale féminine qui peut, si le consultant est un homme, se transformer en relation amoureuse. Elle peut également indiquer la maturation d'une création, ou une grossesse en cours.
- En Maison VI : la vie professionnelle connaît une période dynamique et une personne féminine peut y jouer un rôle important. Si la question concerne la santé, elle présage qu'une femme aidera à la guérison.
- En Maison VII : la vie conjugale connaît une période faste. Cette carte peut révéler la concrétisation d'une union, d'un contrat.
- En Maison VIII : elle présage un changement au niveau sentimental ou financier, soit dans le bon sens, soit dans le mauvais sens, en fonction des arcanes majeurs présents dans les Maisons 5 et 11.
- En Maison IX : elle marque le début d'un enrichissement spirituel. Elle prévoit également le début d'un long voyage (ou plus abstraitement le commencement d'une quête personnelle, d'une méditation), qui sera accompagné par une rencontre féminine.
- En Maison X : la Papesse comme nous l'avons vu est une carte bénéfique. Dans la Maison X essentielle au

jeu, elle indique un succès grandissant dans des domaines aussi variés que la vie sentimentale ou en société.

- En Maison XI : le consultant est particulièrement apprécié et tout semble simple pour lui. Il parvient à ses fins et ses objectifs sont atteints grâce une personne de son entourage.
- En Maison XII : le seul apport négatif que peut avoir la Papesse se trouve dans cette Maison XII. Elle révèle une histoire secrète dont on n'ose pas parler et qui hante, ou une grossesse passée sous silence.

Arcane III - L'Impératrice

L'Impératrice est une tout autre femme que la Papesse. Confortablement assise sur son trône, elle porte un regard presque hautain sur la droite. Sa longue chevelure bouclée blanche retombe légèrement dans son dos. Elle porte une couronne rouge pointue sur laquelle se dressent de petits triangles d'or qui rappellent les rayons du soleil. Une longue robe rouge lui descend jusqu'aux pieds, et une tunique bleue, par-dessus, lui recouvre le haut du corps. Un large col bordé d'or et une ceinture haute lui enserrent la poitrine. De la main droite, elle tient un sceptre d'or au sommet duquel se dresse un globe surmonté d'une croix. Cet insigne la dote du pouvoir suprême sur la Terre. Elle serre aussi contre elle un blason couleur chair, sur lequel est dessiné un aigle doré aux ailes déployées. L'aigle est l'animal roi par excellence, dominant tous les oiseaux, et presque effrayant. Il n'est pas étonnant de le retrouver sur des insignes militaires. Ici il vient, en plus du sceptre, appuyer la domination de l'Impératrice sur Terre. C'est aussi l'emblème, dans l'iconographie médiévale, de l'intelligence, de la ruse. Cela signifie alors que l'Impératrice domine l'intellect et le garde prudemment à ses côtés pour éviter qu'il soit utilisé à de mauvaises fins.

Dans son dos, il est difficile de savoir s'il s'agit d'ailes ou d'un drapé. En étudiant d'anciennes cartes de tarot où la figure de l'Impératrice apparaît, ce sont bien des ailes que l'on trouve. Leur présence ajoute à cette figure un côté divin, quasi angélique. Ses ailes non déployées réservent des surprises. L'Impératrice renferme en elle de grandes capacités qui ne demandent qu'à se révéler. A ses pieds, on aperçoit une touffe dorée. Certains y auraient vu un symbole de la fécondité.

Analyse de la carte

Les couleurs bleue et rouge s'équilibrent avec l'Impératrice. Esprit et corps se retrouvent au même rang. On sent en elle un désir de vaincre et de régner. Elle est prête à agir maintenant, contrairement à la Papesse. La réflexion a eu lieu et, à présent, il faut agir avec grandeur, en allant jusqu'au bout. L'Impératrice transforme les intuitions en projets et volontés précises, prêtes à devenir des actions.

Sens de l'Impératrice dans votre jeu

Le sens d'une carte dépend bien sûr de sa position dans le jeu, toutefois on peut relever des constantes :

Aspect positif

Elle correspond pour le consultant à une phase particulièrement favorable dans les domaines liés surtout à la création et à la mise en place de projets. C'est la figure de l'inspiration. Elle pourra intervenir par le biais d'une personne moins âgée que le consultant.

Aspect négatif

La présence de l'Impératrice marque aussi le manque de jugement sur soi-même et une tendance à la futilité. Elle signale aussi qu'une personne féminine proche peut blesser le consultant ou lui être néfaste.

Position dans le jeu

➤ Première carte tirée :
elle annonce que le consultant est quelqu'un de curieux, d'inventif et bouillonnant d'inspiration.

➤ Autre place dans le jeu :
elle présage des avancées conséquentes dans la vie professionnelle, si la question posée touche ce domaine. Une jeune femme, de l'entourage ou non, peut intervenir et aider le consultant à agir et à avancer sur un point difficile. En tout cas, elle apporte un souffle positif sur l'ensemble du tirage.

➤ A côté de la carte de l'Empereur :
annonce un moment particulièrement propice aux réalisations de projets et à une union par le mariage ou, en tout cas, à une entente parfaite dans le couple du consultant.

Sens pour le tirage astrologique

- En Maison I : les amis et le conjoint du consultant sont essentiels à son bien-être et à la réalisation de ses projets. L'Impératrice indique qu'une information importante va être donnée.
- En Maison II : les finances vont connaître des fluctuations. Il y va avoir un certain apport d'argent aussi bien de la part de proches que suite à un travail fourni.
- En Maison III : la communication avec les amis est très fructueuse et permet de voir ceux sur qui on peut compter, ou pas. Il semble aussi que des déplacements vont être nécessaires.
- En Maison IV : une réconciliation va advenir avec les frères ou les soeurs, entre qui les relations étaient tendues. Il sera alors plus facile d'assister aux réunions familiales et d'apprécier ces moments.
- En Maison V : l'Impératrice indique qu'une relation enrichissante apporte des bienfaits à la vie du consultant. Elle ne le contraint pas, ni ne le met dans une situation délicate. Une grande amitié est en train de se créer même si l'un ou l'autre aime nourrir une certaine ambiguïté.
- En Maison VI : le consultant ou la personne concernée

par le tirage éprouve un stress qui semble provenir du milieu professionnel. Il règne une ambiance détestable qui déteint sur la personne. Cette situation va s'arrêter du fait du consultant ou de la personne concernée. Cependant, ce changement mérite réflexion afin d'y trouver un juste équilibre.

- En Maison VII : une offre va être faite. De plus, l'Impératrice indique qu'il s'agit d'une période faste pour la création.
- En Maison VIII : insatisfaction générale dans les relations, qui nécessitent une prise de décision. C'est le moment de faire un tri pour ne pas se laisser emporter par de fâcheuses paroles ou des réactions radicales.
- En Maison IX : une relation à distance favorise les recherches et les spéculations intellectuelles. Elle mérite d'être poursuivie avec attention.
- En Maison X : ici cela touche au domaine affectif. L'Impératrice annonce un changement radical suite à une rencontre.
- En Maison XI : certaines personnes vont apporter de l'aide et il faut savoir en tirer parti, car cela ne durera sûrement pas longtemps.
- En Maison XII : la santé du consultant n'est pas au beau fixe et il est miné par des petites difficultés au quotidien dont il n'arrive pas à se détacher.

Arcane IIII - L'Empereur

Le regard de l'Impératrice se tourne vers celui de l'Empereur, qui est la carte suivante. Il se tient de profil, assis de manière décontractée sur son trône couleur chair. Sa jambe droite, fermement posée au sol, est pliée sur la jambe gauche. Certains y lisent le chiffre 4, comme pour rappeler sa complémentarité avec sa compagne, située à l'arcane 3. On retrouve sur sa couronne les petits triangles d'or dressés sur celle de l'Impératrice. Toutefois, on observe qu'au niveau de la nuque, elle descend, comme un casque, pour protéger cette zone vulnérable. Il a une barbe blanche et les boucles de ses cheveux tombent sur ses épaules. Sur son torse se dresse une lourde tresse terminée par un médaillon vert. Il porte un veston rouge et une tenue bleue. Il tient de sa main gauche son ceinturon doré. Il brandit fermement de sa main droite un sceptre identique à celui de l'Impératrice. Ses pieds sont vêtus de blanc et le pied gauche s'appuie contre un blason posé au sol, présentant le même dessin d'aigle ; cependant, cette fois, l'animal a le regard vers la gauche. Il semble que l'Empereur se tient sur un espace rocailleux et que, près de son pied droit, se dresse une touffe jaune.

Analyse de la carte

L'Empereur a pris la position du guerrier après le combat. Il complète l'Impératrice dans le sens où elle représente la force qui va agir et, lui, la force après l'action. L'Empereur rend réalisables les volontés de l'Impératrice. Il a assis son autorité et règne avec sérénité. Il n'a plus rien à prouver pour pouvoir dominer. Le 4 est d'ailleurs un chiffre complet, parfait. En effet, il existe les quatre éléments (eau, feu, terre et air), les quatre directions, les quatre saisons et la forme harmonieuse du carré.

Sens de l'Empereur dans votre jeu

Le sens d'une carte dépend bien sûr de sa position dans le jeu, toutefois on peut relever des constantes :

Aspect positif

Cette carte est synonyme de paix, d'assurance dans la vie. L'Empereur maîtrise son royaume et guide ses sujets sur la bonne voie.

Aspect négatif

L'Empereur imprègne parfois le jeu de son esprit rigide et intolérant, ce qui peut faire rater certaines initiatives, en fonction du domaine concerné par la question du consultant.

Position dans le jeu

➤ Première carte tirée :
elle révèle que le consultant est mature et prêt à agir. Il connaît les obstacles et saura les surmonter en oubliant cependant parfois de prêter attention à la

volonté des autres. C'est la figure paternelle par excellence, parfaite pour jouer un rôle de tuteur.

➤ Autre place dans le jeu :
elle peut représenter quelqu'un à forte autorité autour du consultant. Elle indique en tout cas la réalisation effective de projets et leur réussite.

Sens pour le tirage astrologique

- En Maison I : le consultant vit l'apogée de sa carrière et tout ce qu'il entreprend lui réussit ou presque.
- En Maison II : l'Empereur annonce ici qu'il faut commencer à organiser ses bénéfices et à les faire fructifier, ou à les investir dans des biens.
- En Maison III : une personne influente va avoir un impact décisif sur la vie professionnelle et saura faire valoir les qualités du consultant.
- En Maison IV : les frères, les sœurs ou les parents vont participer à un achat, ou à des spéculations financières importantes pour le consultant, qui doit savoir ranger sa fierté pour accepter cette contribution, sous peine de le regretter plus tard.
- En Maison V : les relations familiales sont au beau fixe et encouragent le consultant à réaliser ses envies.
- En Maison VI : la situation professionnelle va changer. Une augmentation de salaire et un poste plus qualitatif sont à prévoir. Cette nouvelle donne peut provenir d'un supérieur hiérarchique qui apprécie tout particulièrement le consultant.
- En Maison VII : l'Empereur, dans cette Maison concernant les relations sociales, indique que la profession

exercée par le consultant est lourde. Elle nécessite un certain charisme qui n'est pas toujours évident à entretenir. Il faut analyser la situation et prendre conscience des conflits de personnes. Cela permettra ensuite de mieux les gérer.

- En Maison VIII : la carte de l'Empereur intervient ici comme une alerte pour avertir des dangers à venir, si la gestion financière inconsidérée du consultant se poursuit.
- En Maison IX : des rencontres à venir particulièrement intéressantes.
- En Maison X : l'Empereur dans cette Maison est un très bon présage. Il prédit une amélioration générale, en particulier quand cela touche les finances. Elles peuvent d'ailleurs provenir de l'influence d'un homme, si le consultant est une femme.
- En Maison XI : le charisme du consultant participe largement à la réalisation de ses projets. En effet, son entourage apprécie de lui venir en aide et en trouve parfois même une certaine gratification...
- En Maison XII : la personnalité du consultant inspire souvent des jalousies dont il faut prendre conscience. Il est nécessaire de mettre à distance les gens trop intéressés, ou bien marquer les limites pour éviter tous malentendus ou trahisons.

Arcane V - Le Pape

La figure du Pape est un retour au savoir divulgué par la parole, à l'enseignement. Comme la Papesse, il s'adresse à nous pour nous initier. Cette fois, on trouve à ses pieds les destinataires de son message. Le Pape, assis, se tient devant deux colonnes bleues à chapiteau. Son visage est marqué par l'âge avec sa longue barbe et sa chevelure blanches. Son regard est doux et bienveillant. Il porte une lourde tiare à trois rangées quasi identique à celle de la Papesse. Une cape rouge bordée d'or recouvre sa longue robe bleue. Sa main gauche, habillée d'un gant jaune sur lequel est dessinée, semble-t-il, une croix de Malte, tient une croix à trois branches et à long manche. Il fait de sa main droite, le signe de la bénédiction en direction de deux personnages situés au premier plan. En effet, deux moines, que l'on reconnaît à leur tonsure, se tiennent dos à nous. On distingue un troisième moine dont on ne voit que le bras gauche. La majesté du Pape est renforcée par la petite taille de ces moines en admiration. Ces deux personnages ne se ressemblent pas. Celui de droite porte une cape rouge et sa tonsure est couleur chair, tandis que le moine de gauche porte une cape jaune, un couvre-épaule rouge et un chapeau bleu pendu dans son dos. Le centre de sa tonsure est jaune.

Analyse de la carte

Le Pape est l'intercesseur, celui qui permet aux hommes de communiquer avec le divin, le spirituel. Sa croix rappelle qu'il gouverne sur les trois plans : terrestre, moral et spirituel. La couleur bleue, rattachée au domaine spirituel, domine cette carte. Les colonnes bleues représentent l'entrée symbolique du temple antique et d'une manière abstraite, du monde inaccessible aux mortels. Le temple de Salomon, roi biblique, s'ouvrait sur deux colonnes nommées Jakin et Boas, qui apportaient solidité et protection à l'ensemble. Elles étaient également là pour interroger le fidèle, qui devait se demander s'il méritait, ou non d'entrer. Le Pape reprend ce rôle. De sa main droite, il indique le bon chemin et donne l'absolution à celui qui a suivi son enseignement. Le moine de gauche semble avoir reçu l'illumination. Il tient ses bras, vêtus de manches blanches, écartés, les mains vers le sol en signe de respect. La couleur jaune de sa cape prouve qu'il est dominé par la sagesse, et son col rouge, le fait qu'il agisse pour y parvenir. Le bleu de son chapeau marque son attachement au Pape et à son esprit. L'autre moine, à droite, est dominé par la couleur rouge. Il travaille encore pour atteindre la sagesse. Le Pape est une figure de guide qui intervient pour aider les personnes perdues à retrouver une sérénité et une voie vers une vie plus satisfaisante. Il agit en douceur, en considérant chaque être comme une personne unique à soutenir et à élever vers la lumière.

Sens du Pape dans votre jeu

Le sens d'une carte dépend bien sûr de sa position dans le jeu, toutefois on peut relever des constantes :

Aspect positif

Cet arcane intervient positivement sur le jeu. Il peut représenter quelqu'un qui va aider le consultant, mais aussi, de manière plus abstraite, la concrétisation d'un partenariat, d'une union, du lancement d'un projet.

Aspect négatif

Cet arcane peut devenir négatif en fonction des cartes qui l'entourent. Il peut exprimer une dispute latente, une erreur de parcours, la rencontre avec un charlatan qui a une mauvaise influence. Cela peut être aussi la prévision d'une rupture.

Position dans le jeu

➤ Première carte tirée :
le Pape déploie ses meilleures qualités. Il est celui qui va soutenir et aider dans toutes les circonstances et dans tous les domaines. Il peut prendre la forme d'un homme de loi ou d'un professeur.

➤ Autre place dans le jeu :
il reste toujours cette personne prête à aider gratuitement ou moyennant finances.

➤ Aux côtés de l'Amoureux :
il présage un mariage.

➤ Aux côtés de la Justice :
il annonce la conclusion imminente d'un contrat.

Sens pour le tirage astrologique

- En Maison I : le consultant arrive à une période où il a besoin de se retrouver, se ressourcer. Il parvient par le biais d'un sport, d'exercices de méditation ou de yoga, à s'apaiser et atteint un éveil spirituel qu'il ne soupçonnait pas.
- En Maison II : les soucis financiers sont passagers et seront bientôt résolus grâce à la bienveillance du Pape.
- En Maison III : le consultant vit de façon plus apaisée les relations familiales et les petits événements du quotidien. De ce fait, il devient particulièrement agréable à son entourage.
- En Maison IV : l'état de bien-être du consultant influe sur ses relations avec son entourage et son conjoint. Il les rassure et leur vient en aide.
- En Maison V : l'assurance du consultant favorise toutes ses relations et ses réalisations intellectuelles. Il se sent bien et en fait profiter les autres.
- En Maison VI : l'état de santé, s'il était mauvais, s'en trouve amélioré. Le bien-être général du consultant concourt à ce qu'il prenne le bon côté de la vie.
- En Maison VII : l'assurance du consultant lui permet de résoudre calmement et sans conflit les difficultés rencontrées avec le conjoint.
- En Maison VIII : les obstacles sont surmontés grâce au soutien de l'entourage.

- En Maison IX : le consultant va trouver dans la réflexion et le voyage spirituel des solutions bénéfiques à sa vie de tous les jours.
- En Maison X : le consultant a toutes les chances de son côté. On peut dire que le Pape a pris la forme de la bonne étoile et que tout s'améliore.
- En Maison XI : les amitiés du consultant lui sont bénéfiques et il est important pour lui de continuer à les entretenir.
- En Maison XII : le Pape continue à présager de bonnes choses, même dans cette Maison des secrets. Un souffle de paix et de quiétude vole au-dessus du consultant.

Arcane VI - L'Amoureux

Pour la première fois avec cette carte, nous assistons à une scène narrative plus vivante. Le personnage principal, l'Amoureux, se trouve au centre. A ses côtés, deux femmes échangent avec lui. Celle de gauche, de profil, n'est pas à son avantage. Elle ne sourit pas et son visage est moins gracieux que celui de sa concurrente. Elle porte une longue robe rouge aux manches bleues. Sa chevelure bleue est attachée. Une couronne jaune à pics étranges coiffe le haut de sa tête. Elle pose sa main gauche sur l'épaule droite de l'Amoureux, et sa main droite touche le bas de la tunique du jeune homme. La femme de droite, plus radieuse, est vêtue d'une robe bleue à manches blanches et à bordure rouge. Ses cheveux blonds ondulés sont détachés. De sa main gauche, elle pointe le torse du jeune homme au niveau du coeur et de sa main droite, qui n'est pas dessinée conventionnellement, elle montre son ventre. L'Amoureux, entre les deux, regarde la femme de gauche. Sa longue chevelure ressemble à celle de la jeune femme de droite. Il porte une tunique à bandes tricolores. De sa main droite jaune, il tient sa ceinture. Au-dessus de lui, un petit enfant blond aux ailes bleues dirige sa flèche blanche en direction du coeur de l'Amoureux. Il s'inscrit dans un cercle blanc aux rayons tricolores.

Analyse de la carte

L'Amoureux se trouve confronté à deux femmes, deux attractions. Laquelle des deux va-t-il choisir ? Ces deux femmes sont différentes, l'une est belle, attirante, et l'autre semble plus dure, et secrète. Cette dernière lui pose la main sur l'épaule pour l'attirer à elle. On trouve deux commentaires à propos de ces deux femmes. Celle de gauche est tantôt considérée comme l'image de la sagesse, de la vie intérieure, tantôt comme une figure symbolisant le profane et le matériel. Dans ce cas, elle chercherait à exercer son emprise sur l'Amoureux par les voies de la sexualité comme le geste de sa main droite le montrerait. La femme de droite est vue également comme l'image de l'amour spirituel, la couleur bleue dominant sa robe, et de la sexualité noble passant par le coeur. Elle est parfois vue aussi comme une figure de désir qui éveillerait chez le jeune homme des sentiments profanes et matériels. On pourrait consacrer encore plusieurs paragraphes à l'analyse de ces deux femmes pour savoir ce que représente l'une ou l'autre. En résumé, nous dirons que ces deux figures représentent deux versants qui s'opposent, entre lesquels l'Amoureux doit choisir. Le petit ange ailé, figure de l'Eros, de l'Amour pur, décochera ensuite sa flèche sur l'élue. En attendant, il l'a pointée sur le coeur de l'Amoureux et l'incite à l'écouter. L'amour fait toujours avancer les choses plutôt que la haine. Il concourt à la création et il est nécessaire pour s'accomplir. Cette carte touche également le domaine de la beauté sous toutes ses formes : si la question du consultant touche à ces domaines, l'Amoureux y apportera un éclaircissement.

Sens de l'Amoureux dans votre jeu

Le sens d'une carte dépend bien sûr de sa position dans le jeu, toutefois on peut relever des constantes :

Aspect positif

Elle annonce le moment du choix, de la pose pour prendre une décision. Ce sera le plus souvent fait sans concession et en suivant toujours un idéal et une maîtrise passionnelle.

Aspect négatif

L'Amoureux, s'il est à côté de cartes négatives, ne représente plus ce temps propice de la réflexion. Au contraire, il faut éviter de prendre des décisions suite à la consultation et dans les mois suivants.

Position dans le jeu

➤ Première carte tirée :
elle révèle souvent que le consultant hésite et fait face à une période de doutes. Il est attiré par plusieurs envies contraires et a besoin d'être éclairé.
➤ Autre position dans le jeu :
l'Amoureux peut annoncer plusieurs sentiments tels que l'incertitude, le manque de confiance en soi, et la tendance à attendre que les autres décident à sa place. Il présage la réalisation d'événements artistiques, liés à la beauté. Il peut prédire aussi la rencontre d'une personne déterminante.

Sens pour le tirage astrologique

- En Maison I : le consultant se trouve en face de différentes propositions et de choix à faire. Il n'a pas de guide pour l'y aider et craint de se tromper. Il hésite à prendre des risques, à favoriser un domaine plutôt qu'un autre. Le domaine amoureux peut être concerné par cette constatation, en particulier si le consultant est une femme.
- En Maison II : le doute plane sur les choix à faire dans la gestion de l'argent. Faut-il investir plus ou moins dans tel ou tel domaine ? Faut-il se lancer dans l'achat d'un bien immobilier ? Le tireur devra observer les autres Maisons pour répondre.

- En Maison III : de nouvelles relations sont en train de naître et d'autres s'étiolent. Les voyages, les sorties favorisent ces changements.
- En Maison IV : les liens avec la famille ne rencontrent pas de difficultés particulières.
- En Maison V : le consultant voit son inspiration se développer. Il se rend compte qu'il est facile d'ouvrir des portes pour faire connaître son travail. Cependant, il doit garder la tête sur les épaules et savoir bien négocier.
- En Maison VI : la présence de l'Amoureux dans cette Maison indique qu'une personne contrarie le consultant. Il en vient à perdre son sang-froid et à se sentir oppressé. Il vaut mieux laisser passer l'orage et ignorer cette personne.
- En Maison VII : un bouleversement dans la vie affective va avoir lieu, soit positif soit négatif en fonction de l'arcane présent dans la Maison 1.
- En Maison VIII : la crise concerne le domaine amoureux. Le couple connaît une grande remise en question. Pour envisager l'issue du conflit, il faut s'appuyer sur les autres cartes.
- En Maison IX : la vie amoureuse est dans un tournant. Selon les choix du consultant, elle peut prendre un virage favorable ou non.
- En Maison X : d'une manière générale, le consultant doit faire face à des obstacles qui restreignent son libre arbitre, dans le domaine affectif en particulier. Il doit accepter des compromis.
- En Maison XI : certaines personnes, simples relations ou amis, vont venir en aide au consultant pour la

mise en route de ses projets, et leur aboutissement. Certains vont même se révéler particulièrement attachants.

- En Maison XII : L'Amoureux symbolise plus que tout le sentiment amoureux. Dans cette Maison, il rappelle au consultant l'importance de le cultiver secrètement, de le faire évoluer, car il est fragile et un rien peut le briser.

Arcane VII - Le Chariot

Un drôle de chariot cubique aux roues opposées avance au septième arcane. Il est mené par un jeune roi fier, à la couronne d'or. Il porte une tenue de parade tricolore aux manches rouge et jaune. Sa main gauche est posée sur sa hanche, et l'autre tient délicatement un petit sceptre d'or. Au-dessus de lui est suspendu théâtralement un dais. Il rappelle la position royale considérée, à l'époque médiévale, comme un intercesseur entre le monde terrestre et le monde céleste. Son visage apparaît paisible, nullement intéressé par ses chevaux. Quatre colonnettes torsadées, deux rouges à l'avant et deux bleues à l'arrière, l'entourent. Deux chevaux rouge et bleu tirent le chariot dans deux directions opposées. Leur croupe se confond avec le chariot. Le cheval rouge a un regard vide, lassé, tandis que le cheval bleu semble plus hargneux et fournit plus d'efforts. Entre eux, l'emblème « S.M. » est dessiné. Ils galopent sur un sol vallonné jaune parsemé de touffes d'herbe verte. Ce curieux chariot statique intrigue : que signifient ces deux chevaux bicolores ? Quel est ce roi ?

Analyse de la carte

La symétrie de la carte va nous aider à y voir plus clair. Le bleu et le rouge s'équilibrent. Ce jeune roi domine le spirituel et le matériel, la réflexion et l'action. Toutefois, les roues à l'arrière et la direction des chevaux nous montrent un tiraillement entre ces deux tendances. Les initiales « S.M. » correspondent, pour certains commentateurs, au S de *Spiritua* et au M de *Materia*. Cette analyse rejoindrait la dualité générale de la carte. Le chariot représente souvent dans l'iconographie médiévale le moment du triomphe, de l'apogée du règne d'un roi. Les légendes racontent aussi qu'à leur mort, les rois et les empereurs sont emportés par un chariot céleste vers le ciel. C'est le véhicule de la victoire, de la réussite. Ce jeune roi aurait triomphé de l'antinomie entre le spirituel et le matériel et les aurait rassemblés. Cette union porterait ses fruits en laissant derrière lui des touffes d'herbe verte, symbole de la fécondité. On peut aussi considérer, au contraire, qu'il n'y est pas encore parvenu et qu'il mène un combat pour y parvenir.

Sens du Chariot dans votre jeu

Le sens d'une carte dépend bien sûr de sa position dans le jeu, toutefois on peut relever des constantes :

Aspect positif

C'est la carte où tout se joue, le choix est fait et il faut se battre. Du point de vue de la santé, elle marque la fin d'une maladie.

Aspect négatif

Elle peut être le signe d'un péril, d'un obstacle pour atteindre le but escompté. Il peut conduire à l'abandon d'un projet, d'un voyage, par sécurité.

Position dans le jeu

➤ Première carte tirée :
cette carte annonce une réussite, une satisfaction dans un domaine où il a été difficile de s'intégrer. Elle peut correspondre à un moment favorable dans la vie du consultant. Il aura atteint une certaine quiétude.
➤ Autre place dans le jeu :
le Chariot indique un moment favorable où le consultant est apprécié par son entourage et les autres en général. C'est le moment de la réussite, de la chance. Elle peut correspondre aussi à une nouvelle mission pour le consultant, à un changement de statut, à l'occupation d'un poste de plus haut rang du point de vue professionnel.

Sens pour le tirage astrologique

- En Maison I : le consultant a toutes les clefs en main pour parvenir au succès dans les domaines liés à la communication, aux relations humaines, comme la politique, le commerce, ou le social.
- En Maison II : le Chariot permet au consultant de faire avancer ses projets contractuels, ou ses affaires en cours qui n'ont pas encore été conclues. Il leur ouvre une voie favorable.
- En Maison III : le consultant est apprécié par ses proches et dans sa profession. On le sollicite très souvent.
- En Maison IV : le foyer du consultant ne lui correspond plus, il est à la recherche d'autre chose. Partir lui fera le plus grand bien et sa famille est prête pour cela à le soutenir.
- En Maison V : le Chariot représente plutôt le domaine de la créativité, de la détente, des loisirs, plutôt que celui des sentiments. Il indique que le talent du consultant va enfin être reconnu, ou bien que ce dernier va pouvoir relâcher la tension et profiter d'un moment de calme reposant.
- En Maison VI : il est possible que le consultant traverse, ou ait traversé il y a peu de temps, une période difficile du point de vue de la santé. Dans ce cas, le Chariot annonce ici une guérison prochaine.
- En Maison VII : dans le domaine sentimental, l'union conjugale tant attendue va être célébrée en grande pompe. Dans le domaine professionnel, la signature d'un contrat va finir par avoir lieu.

- En Maison VIII : le Chariot se rapporte ici aux voyages intérieurs, mais aussi aux vrais déplacements. En fonction de la Maison III, le tireur pourra déterminer leur impact sur la vie du consultant, s'ils sont profitables ou, au contraire, attirent des ennuis.
- En Maison IX : le Chariot montre ici que ce qui vient d'ailleurs va apporter des bénéfices surtout dans tout ce qui touche au domaine professionnel, mais également à l'épanouissement personnel du consultant.
- En Maison X : cette carte apporte le coup de chance nécessaire à la réalisation des projets professionnels. Le consultant parvient enfin à la reconnaissance sociale qu'il attendait. Cet arcane est particulièrement favorable dans cette Maison.
- En Maison XI : le consultant va prendre conscience que, sans ses relations, il lui sera difficile d'atteindre son but. Il est donc nécessaire qu'il apprenne à en profiter.
- En Maison XII : le consultant s'aperçoit que malgré les soutiens de toute part, la route pour parvenir aux buts qu'il s'est fixés n'est pas si simple. Les obstacles sont nombreux, en particulier ceux que l'on érige contre soi-même.

Arcane VIII - la Justice

Nous retournons à un personnage de femme hiératique, après la Papesse, avec la figure de la Justice. Elle se tient face à nous, assise sur un trône, dont le dossier a une forme de livre ouvert. Sa chevelure en torsades couleur chair est ornée d'une couronne bombée en or, dont le sommet rayonne de faisceaux jaunes. Son visage impassible nous fixe. Elle porte une longue robe rouge cachant ses pieds et, par-dessus, une autre robe ouverte bleue. Un lourd collier jaune tombe sur sa poitrine. Son bras gauche est vêtu d'une manche jaune. De sa main gauche, elle tient une balance en parfait équilibre. De sa main droite, elle tient une épée jaune.

Analyse de la carte

Si l'on devait donner une forme humaine à la justice, c'est cette figure que l'on décrirait. La Justice est sévère, droite, implacable comme son épée. Sa couronne la place au-dessus de toute autre autorité. Elle n'est pas seulement cette figure dure et sans pitié, elle doit être juste, équilibrée, à l'image de sa balance, et ne doit pas se laisser influencer. Elle sait entendre les points de vue des uns et des autres pour conclure un accord équitable. Elle intervient en cas de conflit insoluble entre deux personnes. Elle ne donne pas son avis sous la pression, mais prend le temps de juger.

Elle rappelle aussi le moment du Jugement dernier - l'instant où les hommes, au moment de leur mort, doivent faire face aux actes accomplis durant leur vie, et en répondre. Elle vient à point pour questionner et interrompre quelqu'un qui fait fausse route. Elle encourage finalement à avoir une discipline de vie, et à ce que les actes soient en accord avec celle-ci.

Sens de la Justice dans votre jeu ?

Le sens d'une carte dépend bien sûr de sa position dans le jeu, toutefois on peut relever des constantes :

Aspect positif

Elle vient nous remémorer que nous devons garder l'équilibre en nous, peser le pour et le contre avant toute décision. Cela peut correspondre à un moment relativement difficile à passer. Elle marque l'instant de l'introspection, mais aussi le fait de faire le tri parmi ses connaissances, ses amis. Ce n'est pas une figure qui doit pour autant nous inquiéter.

Aspect négatif

Elle peut correspondre à un mauvais jugement, un mauvais conseil qui a été donné par une personne peu impliquée. Elle indique une exigence déplacée, ou une rigueur trop exacerbée.

Position dans le jeu

➤ Première carte tirée :
elle révèle que le consultant est quelqu'un d'obstiné, qui cherche à tout prix à suivre ses objectifs. Il manque parfois de souplesse et peut faire preuve de raideur. Il suit ses instincts et atteint souvent ses objectifs.

➤ A côté du Pape :
influence très positive favorisant la conclusion des alliances, des unions.

➤ A côté du Diable :
annonce une santé financière particulièrement favorable.

➤ A côté de la Maison-Dieu ou de la Carte Sans nom :
marque une coupure, une cassure touchant toutes sortes de domaines.

➤ Autre place dans le jeu :
elle marque une décision ferme, un jugement dans divers domaines comme les finances, le travail, ou au sein même de son couple. L'univers juridique peut y être impliqué soit dans la personne d'un avocat, soit par simple intérêt personnel pour le droit.

Sens pour le tirage astrologique

- En Maison I : le consultant doit apprendre à modérer ses propos et accepter les compromis pour voir aboutir ses projets. Il doit aussi permettre à ceux qui le soutiennent de le faire librement.
- En Maison II : le consultant va connaître des changements du point de vue financier. Ils peuvent être positifs ou négatifs en fonction des autres cartes qui entourent cet arcane.

- En Maison III : les relations avec un membre de la famille, ou avec un collègue de travail semblent tendues. Une discussion houleuse, ou une réaction de la part du consultant ou de celui qui s'oppose à lui vont avoir lieu.
- En Maison IV : le monde de la famille, les biens immobiliers sont concernés par cette Maison. Une division, un partage se dessine.
- En Maison V : d'une manière générale le consultant vit une période sans troubles sentimentaux. Il est possible toutefois, si une lame néfaste se trouve dans une Maison à proximité, qu'elle entache cette plénitude et vienne assombrir la relation du consultant avec un ou tous ses enfants.
- En Maison VI : la vie professionnelle du consultant est perturbée par des conflits avec une ou plusieurs personnes travaillant avec lui. Si la situation ne s'est pas apaisée, ces tensions pourraient aboutir devant les tribunaux.
- En Maison VII : la personnalité du consultant fait qu'il supporte difficilement qu'on s'oppose à lui. A tel point que les reproches de son entourage se multiplient et les relations avec ses collègues sont souvent particulièrement tendues. Le côté procédurier du consultant peut le mener fréquemment devant les juges pour résoudre ses affaires.
- En Maison VIII : la Justice marque ici l'arrêt d'une organisation, d'un partenariat, ou bien le partage de biens suite à un décès.
- En Maison IX : la Justice va venir en renfort pour

permettre au consultant de résoudre des différends. Elle va lui donner l'énergie nécessaire.

- En Maison X : cette Maison doit être analysée en parallèle de la Maison I. Elle touche à la vie sociale du consultant. Elle indique qu'un événement violent moralement se prépare. Le consultant doit prendre ses dispositions au plus vite pour se protéger et éviter de s'effondrer.
- En Maison XI : les proches du consultant apparaissent comme de précieux éléments pour gérer des situations délicates dans lesquelles il est impliqué tant au niveau social qu'en rapport avec la politique.
- En Maison XII : des obstacles épineux et coriaces attendent le consultant, et il va devoir s'armer de courage et de fermeté. De plus, chacune des affaires qu'il aura à régler ne donnera pas suite à des satisfactions.

Arcane IX - L'Hermite

Autre personnage intriguant, l'Hermite avance lentement, l'air paisible. Il marche de profil, vers la gauche, un bâton dans la main gauche, attribut du pèlerin. De sa main droite, il soulève sa cape pour tenir levée une lanterne jaune et rouge. Elle illumine son chemin. Il porte les cheveux mi-longs, une barbe, et dans son dos retombe une longue capuche rouge à pompon jaune. Sous sa cape, il est vêtu d'une longue robe rouge.

Analyse de la carte

L'Hermite est un personnage qui s'est retiré du monde après l'avoir expérimenté. Il a vécu sa vie d'homme, de père de famille et, après avoir accompli ses devoirs, il décide de quitter ce monde, de partir en retraite. Ce départ a pour but la quête de la connaissance ultime, de la vérité, en se dépouillant au maximum des attributs futiles, en ne conservant que le strict nécessaire vital. Il part à la conquête d'un idéal de soi, d'une dernière étape avant la mort. Sa principale activité, mise à part la recherche de sa nourriture, est la contemplation de la nature et du monde en général. C'est pourquoi, grâce à son recul, il devient celui qui éclaire les personnes qu'il rencontre sur son chemin. C'est la rencontre fortuite pour toute personne perdue, la figure du vieil homme sage sur qui l'on peut compter.

On retrouve souvent dans les légendes cette figure du vieux sage errant, solitaire. Il avance en s'éclairant avec précaution, sans se précipiter. Sa cape bleue, symbole du spirituel, domine la carte. Toutefois, la présence du rouge et du jaune signifie que l'Hermite ne se cantonne pas à la seule réflexion, mais agit avec sagesse et tempérance. Cet arcane rappelle aussi l'importance du temps, et de sa bonne utilisation.

Sens de l'Hermite dans votre jeu

Le sens d'une carte dépend bien sûr de sa position dans le jeu, toutefois on peut relever des constantes :

Aspect positif

L'Hermite vient calmer les ardeurs. Il indique que le temps est précieux et qu'il ne faut pas le perdre par impatience, ou par la pression de l'entourage. Cette carte correspond aussi à la réalisation d'un projet en maturité depuis longtemps, à un accouchement, ou à la guérison d'une longue maladie.

Aspect négatif

Cette carte peut être le signe d'une solitude forcée, ou d'un sentiment d'abandon, voire un moment de passage à vide. Elle peut correspondre aussi à un retard et à un manque significatif de moyens financiers.

Position dans le jeu

➤ Première carte tirée :
elle indique que le consultant est peu friand des mondanités et qu'il est souvent seul par choix ou par obligation. Il peut aussi se trouver dans un repli volontaire pour faire un point sur sa vie, faire table rase après un événement difficile, ou après une longue période de travail intense.

➤ Autre place dans le jeu :
la carte de l'Hermite annonce une pause dans la vie du consultant, soit pour la réflexion, soit pour retrouver une bonne santé, en particulier au niveau du squelette (arthrose, lombaires, rhumatismes...). Elle peut correspondre aussi à une volonté de changement dans le rythme de vie, de réduire les distractions pour se concentrer sur un travail ou sur un projet. Cela peut être aussi le signe d'un retard dans toute sorte de domaines.

Sens pour le tirage astrologique

- En Maison I : l'Hermite ainsi que le personnage représenté sur la carte nous le laisse penser, indique ici que le consultant est une personne qui apprécie la solitude. Il peut ainsi mieux se consacrer à ses occupations littéraires et à ses recherches.
- En Maison II : les efforts pour améliorer le capital conduisent enfin à des rentrées d'argent. Elles demeurent pour l'instant encore peu significatives, la patience est nécessaire.
- En Maison III : le consultant noue des relations

particulières avec une personne âgée qui lui fait partager sa sagesse. Il est probable aussi qu'il soit amené à quitter quelque temps sa ville.

- En Maison IV : les choix immobiliers, les biens de la famille fructifient lentement et ne perdent pas de leur valeur. Ce n'est pas à ce niveau qu'il faut espérer des rentrées d'argent.
- En Maison V : La vie amoureuse du consultant est mouvementée et si le consultant est une femme, il est probable qu'elle se lie avec un homme d'âge mûr.
- En Maison VI : la personnalité du consultant fait qu'il a de la peine à accepter les relations hiérarchiques. Il doit vivre une certaine frustration professionnelle, ou bien se décider à changer de métier.
- En Maison VII : la vie conjugale du consultant rencontre des perturbations, surtout s'il avait prévu de se marier.
- En Maison VIII : la quête intérieure du consultant lui est bénéfique et suscite en lui des idées neuves. L'Hermite indique aussi dans cette Maison la perte d'un être cher.
- En Maison IX : tout favorise l'éveil intellectuel du consultant. Il aurait intérêt à profiter de cette période pour apprendre des langues vivantes, pour lire et exercer sa mémoire. Il doit accepter pour cela de se poser et de rester chez lui.
- En Maison X : le temps est long pour parvenir à ses objectifs. Toutefois, tout vient à point à qui sait attendre, selon le proverbe : l'Hermite vient ici le rappeler.

- En Maison XI : les proches âgés du consultant le soutiennent dans ses projets. Leurs conseils et leurs expériences lui font comprendre que le temps et la réflexion sont des atouts à utiliser.
- En Maison XII : cette Maison vient un peu en opposition aux autres. Elle précise que le temps étiole les choses et les rend moins attractives. Il faut savoir accélérer aussi les choses quand la situation stagne depuis trop longtemps, ou s'armer de patience sans se plaindre.

Arcane X - La Roue de la Fortune

Cette carte marque la fin d'un cycle et le début d'un autre. Le Tarot de Marseille poursuit ainsi sa suite logique : après l'Hermite et le temps de la remise en cause, arrive le moment où il faut à nouveau reprendre l'action. Le chiffre dix est la fin d'une série. Sur une roue dont l'essieu est tracté par une manivelle s'agrippent trois animaux fantastiques. A droite, un chien jaune griffu tente de grimper au sommet de la roue. Il est couvert d'une petite cape bleue et rouge et un large collier jaune lui emprisonne les oreilles. Au sommet de la roue, assis sur une petite planche jaune qui équilibre la roue, on trouve un sphinx couronné, au corps bleu et aux ailes rouges. De sa patte gauche, il tient un petit glaive.

Enfin, à gauche, en train de descendre de la roue, un singe couleur chair et vêtu d'un jupon bicolore, nous regarde curieusement. Le moyeu de la roue est rouge et les rayons bleus et blancs.

Analyse de la carte

La Roue de la Fortune symbolise par excellence la mutation, le cycle de la vie. Elle tourne favorablement ou défavorablement selon le contexte et le destin de chacun. Ces trois animaux représentent une phase de ce mouvement cyclique. Le chien grimpe difficilement. Son collier marque sa soumission. Il doit fournir un effort laborieux pour atteindre le haut de la roue. Cependant, le chien est aussi en pleine ascension, guidé par la sagesse (couleur jaune). C'est l'homme qui avance dans la vie, en bravant les obstacles. Au sommet, le sphinx est parvenu à la réussite. Il brandit l'épée du vainqueur et dresse fièrement sa couronne. Il a atteint l'équilibre de l'esprit, la victoire sur le mal. Il est le seul à pouvoir faire basculer cette stabilité par le spirituel (corps bleu). Enfin, le singe chute. La descente est tellement ardue qu'il doit s'agripper à la roue. Il nous regarde l'air désespéré. Cette roue rappelle que l'homme vit des moments de gloire et d'échec, mais qu'il ne doit pas se reposer sur ses acquis. Un événement peut le faire basculer à tout moment. Il faut aussi avoir le courage de regarder le sphinx en face, car c'est de lui dont dépend la traction de la roue dans le bon sens. Il détient les secrets de la destinée.

Sens de la Roue de la Fortune dans votre jeu

Le sens d'une carte dépend bien sûr de sa position dans le jeu, toutefois on peut relever des constantes :

Aspect positif

Cet arcane marque un renouveau rapide, une évolution décisive. Les événements vont s'enchaîner à la vitesse d'une roue. Du point de vue de la santé, si le consultant s'interroge sur sa maladie, la Roue indique qu'elle va évoluer, qu'elle va bénéficier d'un nouveau diagnostic.

Aspect négatif

La carte de la Roue de la Fortune peut signifier un changement négatif, une rupture brusque, qui ne s'arrêtera pas dans l'immédiat. Elle correspond aussi à un moment de blocage, où rien n'évolue comme on le souhaite.

Position dans le jeu

➤ Première carte tirée
elle révèle que le consultant est quelqu'un d'énergique, qui ne peut supporter de rester dans la monotonie. Il provoque les hasards par goût pour l'aventure. Il sait saisir les bonnes occasions pour rebondir. Toutefois, cela n'est pas forcément toujours à son avantage.

➤ A côté de l'Etoile :
elle annonce l'accomplissement d'un projet.

➤ A côté du Soleil :
la Roue présage une période de chance.

➤ A côté du Jugement :
elle est propice à un lancement, une reprise.
➤ A côté du Pape :
cette carte prédit un mariage, la conclusion d'un contrat.
➤ A côté de l'Impératrice :
elle favorise les idées nouvelles.
➤ A côté de l'arcane sans nom :
la Roue de la Fortune indique la rupture, les disputes sentimentales.
➤ A côté du Chariot :
le consultant ou l'un de ses proches devra faire face à un accident.
➤ A côté de la Maison de Dieu :
elle présage un choc soit accidentel, soit émotionnel.
➤ Autre place dans le jeu :
la Roue peut signifier une opportunité à prendre, un événement soudain, imprévisible. Ce peut être aussi une reprise d'activité, un nouveau souffle professionnel, ou sur d'autres plans.

Sens pour le tirage astrologique

- En Maison I : en opposition totale avec l'arcane précédent, l'Hermite, la Roue de la Fortune indique que le consultant est une personne d'action, qui ne peut souffrir de rester à ne rien faire. Il ne reste pas longtemps à analyser une situation, il la prend en main rapidement pour la faire évoluer.
- En Maison II : les apports financiers se multiplient rapidement. Il est nécessaire de savoir bien gérer son capital, et le placer entre de bonnes mains

sans quoi les pertes se feraient rapidement ressentir.

- En Maison III : les événements font que le consultant est amené à faire des choix parmi ses amis et ses nouveaux contacts. Il y a ceux qui le freinent et ceux qui le font avancer.
- En Maison IV : le lieu de vie devient inadapté suite à l'arrivée de nouveaux membres dans le cercle familial. Il est nécessaire d'en changer ou de restructurer l'espace.
- En Maison V : c'est une période propice pour le consultant, aussi bien dans le domaine affectif que créatif. Il a rencontré, ou va rencontrer quelqu'un qui va le subjuguer.
- En Maison VI : les luttes payent, puisque la Roue de la Fortune annonce ici une évolution professionnelle. Le consultant va se mettre à son compte ou bien acquiert de nouvelles responsabilités dans lesquelles il est plus à l'aise. Si la santé inquiète le consultant, la Roue de la Fortune prévoit une guérison imminente.
- En Maison VII : le domaine affectif du consultant est concerné. Il s'engage sur une nouvelle voie, et peut-être même, une union officielle prochaine. La Roue de la Fortune indique aussi des réussites sur le plan
- En Maison VIII : la Roue de la Fortune est protectrice à ce niveau. Elle rappelle toutefois qu'il faut rester sur ses gardes concernant les finances et ne pas se laisser duper par n'importe qui.
- En Maison IX : la carte précise que des proches vont effectuer un voyage profitable. Pour sa part, le consultant aurait tout intérêt à profiter de cette

période faste pour s'intéresser à sa propre personne, et faire un voyage intérieur.

- En Maison X : cette Maison, plus que les autres, doit être lue à la lumière des autres. La Roue de la Fortune, ici, favorise en tout cas les bouleversements à tous niveaux, et renforce ceux qui sont en latence dans les autres arcanes en présence.
- En Maison XI : la place de l'entourage du consultant est au coeur de sa réussite sociale. Il leur est redevable, même s'il sait aussi les soutenir à son tour.
- En Maison XII : la Roue de la Fortune annonce ici une issue favorable à la situation complexe dans laquelle le consultant se trouve. Les arcanes mineurs pourront préciser la manière dont ça se passera.

Arcane XI - La Force

La jeune femme que l'on voit sur cette carte agit de manière impassible. Elle porte une longue robe bleue et or, dont la forme est plus cintrée et féminine que les robes vues jusqu'à présent. Une cape rouge complète ses vêtements, et elle porte un chapeau en 8, comme celui que l'on avait vu précédemment sur la carte du Bateleur. De ses deux mains, elle ouvre avec facilité la mâchoire d'un lion dont le pelage ondulé est couleur or. Elle lutte sans difficulté contre l'animal qui semble se laisser faire.

Analyse de la carte

Cette jeune femme intervient après un nouveau départ symbolisé par l'arcane précédent. Elle déploie sa force pour vaincre des obstacles. Cette force n'est ni violente, ni incontrôlée, mais contenue et méthodique. Aucun signe sur son visage ne montre qu'elle souffre, ou qu'elle fournit un effort. Elle puise sa force en elle. Il faut connaître ses forces, être maître de soi pour pouvoir agir, et exploiter ses richesses. La femme symbolise aussi l'amour sous ses différentes formes, comme la carte de l'Amoureux l'illustre bien. L'amour sous sa forme spirituelle (dominance du bleu) pourrait être à l'origine de cette force. Il la guide dans ses actes pour agir avec sérénité, et sans se soucier des pressions extérieures.

Sens de la Force dans votre jeu

Le sens d'une carte dépend bien sûr de sa position dans le jeu, toutefois on peut relever des constantes :

Aspect positif

Cet arcane apporte un souffle positif au jeu. Il déteint positivement sur les autres cartes. La force est une arme qui doit être maniée avec habileté et raison. Si on l'utilise à de mauvaises fins, elle se retourne contre soi. Elle implique aussi la maîtrise des passions. Elle peut présager un retournement de situation. Sur le plan de la santé, elle est synonyme de vigueur physique.

Aspect négatif

L'arcane entouré de cartes négatives, renverse la force positive qui devient un poison. Elle devient une force haineuse, la jalousie, ou le goût pour la querelle. Dans tous les cas, elle n'apporte pas de satisfaction.

Position dans le jeu

➤ Première carte tirée :
elle correspond à un moment intense de la vie du consultant. Il va devoir se dépenser physiquement ou intellectuellement. Il dispose de toutes les capacités pour le faire.
➤ A côté de la Justice :
la Force peut signifier que le consultant, ou son entourage, vont être confronté à une forme d'autorité sous quelque forme que ce soit.

➤ A côté de l'Amoureux :
la Force permet d'y voir plus clair, et il est plus facile de prendre une décision.
➤ Autre place dans le jeu :
les circonstances vont demander au consultant de fournir un effort soutenu qui sera récompensé plus ou moins rapidement. Il parvient ainsi à maîtriser la situation.

Sens pour le tirage astrologique

- En Maison I : le consultant est ici entre de bonnes mains, la chance va tourner en sa faveur. Une personne a peut-être favorisé ce tournant. En tout cas, il faut savoir saisir pleinement ce moment, et en profiter avec mesure.
- En Maison II : quoi que l'on en dise, de bonnes finances permettent d'atteindre plus facilement les buts que l'on s'est fixés. La Force en intervenant dans cette maison indique que des rentrées importantes d'argent vont porter les projets du consultant.
- En Maison III : cette carte indique que l'entourage du consultant l'apprécie pour sa chaleur, et sa façon de les rassurer. Son assurance lui permettra d'arriver à ses fins.
- En Maison IV : les relations entretenues avec la famille sont au beau fixe. La Force indique ici l'amour du foyer familial, dans lequel on puise son énergie.
- En Maison V : la vie amoureuse est tumultueuse et satisfaisante. Les partenaires se multiplient, attirés par la vivacité qui se dégage du consultant.

- En Maison VI : rien ne peut s'opposer aux volontés du consultant, et même si cette Maison est celle des frustrations, ici, la Force les balaye. Toute tâche un peu laborieuse sera considérée sous son meilleur jour.
- En Maison VII : la fougue et la vitalité guident cette Maison VII. La Force présage une relation physique intense avec son conjoint. La Force marque aussi le début d'une amitié, ou d'une relation amoureuse avec quelqu'un que l'on n'appréciait pas spécialement auparavant.
- En Maison VIII : la Force révèle une transformation positive. Le consultant entre dans une phase durant laquelle ses relations vont être exacerbées et prolifiques. Il fera l'objet de toutes les attentions et saura en tirer parti.
- En Maison IX : on reconnaît le talent littéraire et les recherches du consultant. S'il est étudiant, son cursus se poursuit avec excellence.
- En Maison X : la Force dans la Maison X indique que rien n'est impossible pour le consultant. Grâce à un regain de confiance, il va se surpasser.
- En Maison XI : le consultant s'aperçoit encore une fois que son entourage est pour beaucoup dans sa réussite. Il a été soutenu moralement à tel point qu'il s'est rapproché très étroitement de certains d'entre eux...
- En Maison XII : la Force montre là que le consultant, ou la personne qui est visée par ce tirage, cache une relation adultère difficile à gérer. Il faut qu'il l'assume, ou qu'il en finisse au risque de vivre dans un malaise permanent.

Arcane XII - Le Pendu

C'est un drôle de personnage qui nous apparaît carte 12. Il nous fait penser au Bateleur, qui cherche à nous divertir. Il ne s'agit pas d'une scène de pendaison. Le jeune homme, au visage serein, est suspendu par le pied gauche à une corde blanche, comme s'il accomplissait une acrobatie. Ses deux pieds sont chaussés de bleu. Il porte un collant rouge, un jupon jaune percé de deux poches, et un gilet bleu et blanc. Ses manches sont rouges et ses cheveux, bleus. Ses mains sont cachées dans son dos pour trouver l'équilibre. Deux troncs jaunes à entailles rouges flanquent le Pendu : ils soutiennent le rondin bleu qui porte le personnage.

Analyse de la carte

Le personnage du Pendu vient comme une pirouette pour déséquilibrer la logique du tarot. Il suspend, à proprement dit, toutes les réflexions spirituelles pour prendre le chemin de la légèreté. Toutefois, il laisse aussi entrevoir que cette légèreté est toute relative, car elle sous-entend aussi une souffrance, une sorte d'humilité face à la vie. Le Pendu est essentiellement dans l'action, il en tire seulement après les conséquences. En effet, il a compris que l'endurance et la persévérance nous aident à atteindre tous les objectifs. Il représente aussi la jeunesse qui tente toutes les expériences pour découvrir par elle-même sa voie. Il doit trouver son guide en lui-même.

Sens du Pendu dans votre jeu

Le sens d'une carte dépend bien sûr de sa position dans le jeu, toutefois on peut relever des constantes :

Aspect positif

C'est une carte riche en interprétations. Elle peut correspondre à un moment de repos, ou de soumission à une situation sans que ce soit pour autant une souffrance. Elle peut être la reconnaissance après une mission accomplie. D'une manière générale, elle indique que la réussite arrive, mais après des concessions et un travail ardu.

Aspect négatif

Quand elle est parmi des cartes négatives, l'arcane XII devient une carte néfaste. Elle annonce une période troublée aussi bien mentalement que physiquement. Elle peut désigner aussi de mauvaises influences dans l'entourage du consultant et la répétition d'erreurs particulièrement gênantes.

Position dans le jeu

➤ Première carte tirée :
elle peut vouloir signifier que le consultant se trouve dans une impasse. Il a des difficultés à se prendre en

main et à avoir des objectifs. Il peut être aussi atteint d'une maladie, ou d'une baisse de moral.

➤ Autre place dans le jeu :
le Pendu annonce un arrêt dans le domaine privé, ou professionnel. Il peut être provoqué par la maladie, ou un état dépressif. Il signifie que le consultant se relâche, ne prend plus soin de lui. Il cherche la solution ailleurs qu'en lui-même, par exemple dans les mouvements de groupes religieux, les associations caritatives, ou d'autres réunions de personnes.

Sens pour le tirage astrologique

- En Maison I : cette Maison est à lire avec la Maison VII et, si ce n'est pas assez explicite, le consultant doit se référer aux arcanes mineurs. Ils vont renforcer ou atténuer l'impact du Pendu. Le consultant, d'une manière générale, ne sait pas trop où il va, ni quel choix faire.
- En Maison II : les soucis d'argent semblent durer, si c'était déjà le cas, sinon ils commencent. Le Pendu n'envisage rien de bon. Les charges de toutes sortes risquent de ne pas être honorées. Du coup, les problèmes arrivent... Les arcanes mineurs éclairciront sur la solution à venir.
- En Maison III : Il ne faut pas compter sur les proches pour résoudre ses problèmes, ou être soutenu lors de ses baisses de moral. Tout le monde semble atteint d'une sorte de mélancolie qui isole un peu plus le consultant.
- En Maison IV : le Pendu indique ici que la famille

va souffrir. Elle va devoir se souder pour surmonter l'obstacle à venir. Pour en savoir davantage, le tireur doit se pencher sur l'arcane présent dans la Maison VII et faire tirer d'autres cartes au consultant.

- En Maison V : un ou plusieurs êtres chers partent en déplacement loin du consultant, ou s'écartent de lui pour des raisons qui lui sont étrangères. Il risque de mal comprendre, de le prendre pour lui et de souffrir.
- En Maison VI : la fatigue, les douleurs physiques freinent le consultant et l'empêchent d'agir comme il le voudrait. Tout devient plus pénible. Cela finit par se ressentir à tous les niveaux.
- En Maison VII : le Pendu avertit qu'il ne s'agit pas d'une bonne période pour signer des contrats, ou engager des collaborations. Tout comme il déconseille tout engagement avec un partenaire. Mieux vaut attendre.
- En Maison VIII : le consultant hésite. Il se sent un peu déboussolé. Il a le sentiment que quelque chose se transforme en lui. Avec un peu de patience, il saura mieux l'apprivoiser.
- En Maison IX : le Pendu annonce une mauvaise période. Le consultant ne parvient plus à prendre du recul sur sa vie. La rencontre d'une personne charismatique, ou avec de l'expérience, pourrait lui apporter le plus grand bien.
- En Maison X : le consultant n'a pas atteint une confiance en lui et une paix intérieure suffisante pour affronter le monde du travail souvent ingrat et sans pitié. Il va connaître de nombreux déboires,

des déceptions. Il lui faut passer par là pour en sortir plus fort.

- En Maison XI : les amis changent avec le temps. Ceux que l'on croyait au-dessus de tout soupçon et dévoués se révèlent être de véritables calculateurs, prêts à trahir à la moindre occasion. Le consultant va faire face à de profondes incompréhensions dans ce domaine.
- En Maison XII : le consultant doit apprendre à garder ses douleurs, ses soucis pour lui. Sinon, ils risquent de tomber dans des oreilles mal intentionnées. Ses confidences pourraient alors se retourner contre lui. Il lui faut prendre du recul.

Arcane XIII - La Carte sans nom appelée aussi la Mort

Voici l'unique carte sans nom du Tarot de Marseille, l'arcane XIII, le chiffre redouté ou recherché. Moitié squelette, moitié corps de chair, ce curieux et horrible personnage avance sur un sol noir parsemé de touffes d'herbe bleue et jaune. Il tient une faux au manche rouge et à la lame jaune. Il racle le sol et en déterre des têtes et des membres humains qu'il piétine. On reconnaît parmi ces têtes un roi avec sa couronne. Ce personnage nous fait bien sûr penser aux représentations médiévales des ravages de la peste noire ou de la guerre de Cent Ans avec celle que l'on appelait « la grande faucheuse », la mort.

Analyse de la carte

Malgré son apparence terrifiante, les visages des têtes déterrées ne semblent pas effrayés. Cette carte n'est pas à prendre forcément comme un élément néfaste dans le jeu. Il correspond plutôt à une transformation qui ne doit être qu'un passage, pas une fin en soi. La faux coupe les touffes jaunes et il semble que des touffes bleues repoussent à leur place. La réflexion prend la place. Ce personnage est un instigateur, il pousse au renouveau, il active la mutation. D'ailleurs, son corps n'est pas terminé, puisque ses membres n'ont pas encore toute leur chair.

Sens de la Carte sans nom dans votre jeu

Le sens d'une carte dépend bien sûr de sa position dans le jeu, toutefois on peut relever des constantes :

Aspect positif

Elle accompagne un changement radical, qui va engendrer certainement des difficultés, des questionnements et parfois des souffrances. Une situation difficile va se terminer, et un nouveau tournant va être pris. C'est une carte puissante dont l'impact touche toutes les cartes du jeu.

Aspect négatif

Si cette carte est entourée de cartes négatives, le consultant doit rester au *statu quo* et ne pas prendre de décisions importantes. Le moment n'est pas encore venu. Du point de vue de la santé, le consultant, s'il s'en inquiète, devra se méfier de son alimentation mal équilibrée. C'est également une mauvaise période pour des régimes spéciaux ou des guérisons.

Position dans le jeu

➤ Première carte tirée :
elle révèle que le consultant est en attente de nouveautés. Il a besoin de bouleverser quelque chose pour y voir plus clair, malgré les conséquences que cela aura sur sa vie ou sur celle des personnes de son entourage. Il trouvera en lui la force de réagir et de mettre en marche ce changement.

➤ Tiré avant le Pendu :
la rupture ou la nouveauté arrivera avec souffrance.

➤ Tiré avec la Maison-Dieu :
Les choix qu'aura faits le consultant se révèleront mauvais.

➤ Tiré avec la Roue de la Fortune :
la Carte sans nom prédit une période de la vie compliquée et pénible.

➤ Autre place dans le jeu :
la Carte sans nom peut annoncer une émancipation, une délivrance, mais aussi une rupture amoureuse. Elle est liée aussi à une phase de repli dans la vie du consultant, d'abandon de projets, de désintéressement

général, ou de perte de richesse dans toute sorte de domaines.

Sens pour le tirage astrologique

- En Maison I : cette carte doit être lue avec celle présente dans la Maison VII. Le consultant est dans une phase de sa vie qui peut être bien ou mal vécue : soit elle prend la forme d'une renaissance, soit, au contraire, c'est un déchirement. En effet, c'est un passage d'un mode de vie à un autre. Il sous-entend d'abandonner des choses du passé, des habitudes familières et rassurantes. Cela peut se traduire dans plusieurs domaines. En tout cas, le changement est radical et nécessite qu'on y laisse quelques plumes.
- En Maison II : les apports financiers ne sont plus assez réguliers si bien que le consultant se retrouve dans une impasse. Elle le force à prendre les devants. Il doit chercher une nouvelle solution à court ou long terme.
- En Maison III : la Mort indique que le consultant vit une période de changements profonds. Il est donc plus vulnérable qu'en temps normal. Il est nécessaire qu'il prenne soin de lui et se protège des influences extérieures. Sinon, face à elles, il risque de ne pas être assez armé et de n'avoir pas suffisamment de jugement.
- En Maison IV : un événement chamboule la tranquillité de la famille. Tout est remis profondément en cause et des décisions doivent être prises.
- En Maison V : le consultant est en pleine crise existentielle. Il se remet en cause ainsi que son entourage.

Son couple en subit le premier les frais. Des décisions vont être prises dans ce domaine.

- En Maison VI : la Mort marque ici la fin d'une lourde tâche, ou d'une mission qui pesait sur le moral du consultant. C'est un grand soulagement, toutefois il va lui falloir un grand moment pour s'en remettre.
- En Maison VII : le consultant connaît des troubles dans sa relation conjugale, ou avec son compagnon. Il va falloir se battre pour parvenir à retrouver les émois d'autrefois et des sentiments neufs.
- En Maison VIII : dans cette Maison, la Mort annonce un dénouement favorable concernant les problèmes financiers.
- En Maison IX : les réflexions personnelles du consultant sont mises en suspens. Il doit faire face à d'autres contingences. Des choix doivent être pris rapidement, même s'ils peuvent aller à l'encontre des idéaux. Le consultant doit prendre sur lui.
- En Maison X : la fin du contrat approche, le consultant va se trouver dans une situation délicate. Tout s'accélère, il doit réussir sous cette pression grandissante à choisir la bonne voie.
- En Maison XI : une personne proche va déménager, ou une dispute va l'éloigner du consultant. Tous les projets communs sont réduits à néant.
- En Maison XII : des soucis de santé peuvent survenir. Leur importance est mesurable à la lumière des arcanes mineurs.

Arcane XIV - La Tempérance

Dans un paysage vallonné jaune, aux touffes d'herbe verte, se tient un ange féminin gracieux aux ailes couleur chair. La carte XIV est dominée par le bicolore entre bleu et rouge. Seuls son foulard et sa ceinture jaunes rompent le rythme. La robe de cette femme est divisée en deux. Elle balance entre le rouge (le matériel, le physique) et le bleu (le spirituel, la réflexion), tout comme son geste le montre. Elle verse une eau blanche d'une cruche bleue à une cruche rouge. Sa chevelure bleue est ornée d'une fleur rouge.

Analyse de la carte

La tempérance est une des quatre vertus essentielles avec la prudence, la force et la justice. La tempérance est le juste milieu trouvé entre les plaisirs sensuels et la raison, d'où les deux couleurs en équilibre. C'est la modération, la maîtrise des passions. Cette jeune femme est ce qu'on appelle une allégorie, elle est la forme humaine d'une vertu. En versant de l'eau dans les deux vases, elle fait communiquer les passions et la raison, l'action et la connaissance. La tempérance est aussi la modération, la capacité à connaître ses limites. Par son intelligence et sa pertinence, la personne tempérée sait quand elle va trop loin et s'arrête avant d'avoir un comportement excessif.

Sens de la Tempérance dans votre jeu

Le sens d'une carte dépend bien sûr de sa position dans le jeu, toutefois on peut relever des constantes :

Aspect positif

Cette carte inspire douceur et bienveillance. Elle est bénéfique sur tout le jeu. Elle représente l'ange gardien qui vient au secours des personnes indécises et tiraillées entre deux voies. Elle annonce une santé excellente.

Aspect négatif

La Tempérance est rarement considérée comme négative. Le jeu doit particulièrement être mauvais pour qu'elle le devienne. Dans ce cas, elle prévient un déséquilibre, une influence extérieure trompeuse.

Position dans le jeu

➤ Première carte tirée :
le consultant semble être une personne bien attentionnée, franche et qui ne recule pas devant le travail. Elle est appréciée de son entourage et respectueuse des autres.

➤ Autre place dans le jeu :
la Tempérance annonce une période particulièrement faste pour le consultant. C'est le moment pour lui de s'investir, de mettre en marche ce qu'il a laissé de côté. Il peut avec confiance s'engager dans de nouvelles relations, commencer un nouveau travail, ou commencer de nouvelles expériences personnelles.

Sens pour le tirage astrologique

- En Maison I : le consultant avance pas à pas dans la vie. Il évite de prendre des risques, ce qui fait que sa situation professionnelle évolue très lentement, voire stagne.
- En Maison II : l'argent a été bien placé et les dépenses bien maîtrisées. Les finances se portent à merveille grâce à cette gestion raisonnée et raisonnable.
- En Maison III : le consultant est apprécié par son entourage pour les conseils qu'il donne. Il sait par ailleurs entretenir ses relations, si bien que certaines se transforment en de véritables amitiés.
- En Maison IV : l'éloignement ou la distance vis-à-vis de la famille, des parents, commence à poser quelques problèmes. On réclame la présence du consultant, on lui demande de venir. On cherche en lui un appui, un réconfort.
- En Maison V : le coeur du consultant est transporté par une nouvelle relation, une nouvelle rencontre. Elle le rend particulièrement agréable, gai et convivial. Ce changement est largement apprécié par l'entourage.
- En Maison VI : une nouvelle mission est confiée au consultant. Il doit en mesurer toutes les conséquences. On attend qu'il soit à la hauteur des espoirs que l'on a placés en lui.
- En Maison VII : tout se passe parfaitement bien du point de vue social. La Tempérance annonce une quiétude sur une longue durée.
- En Maison VIII : les finances sont visées lorsque la

Tempérance se trouve dans cette case. Toutefois, il s'agit simplement d'un déséquilibre qu'il va falloir rétablir. D'ailleurs, le consultant va peut-être devoir solliciter l'aide d'un spécialiste dans ce domaine.

- En Maison IX : la Tempérance indique que le consultant apprécie les moments de solitude, de retraite. Il en tire un profond bénéfice. Toute son énergie se renouvelle.
- En Maison X : la vie professionnelle du consultant est bouleversée. Le consultant va bénéficier d'une création de poste, ou de la confiance d'un supérieur. Tout lui est favorable. Ses efforts et sa patience finissent par payer.
- En Maison XI : le consultant a su s'entourer depuis longtemps de personnes de confiance sans chercher pour autant à se créer un cercle dont il pourrait tirer profit. Tout naturellement, il a reconnu les personnes sur qui il pouvait compter. Elles se révèlent à présent un véritable soutien.
- En Maison XII : la confidence n'est pas le fort du consultant. Il garde ses pensées intimes pour lui, même si ses collègues semblent irréprochables.

Arcane XV - Le Diable

La quinzième carte présente un personnage central hermaphrodite sur un piédestal rouge, le Diable. Il porte une coiffe jaune hirsute et deux ailes sont déployées dans son dos. Ses mains et ses pieds sont griffus. Son torse est dénudé et l'on voit des seins dessinés en cercles concentriques. Ses jambes sont recouvertes d'un collant moulant bleu laissant transparaître son sexe masculin. De sa main gauche, il tient un cierge. Il est entouré de deux autres petits personnages attachés par le cou au piédestal du Diable. Ils sont tous deux identiques, mis à part leur sexe : à gauche une femme, à droite un homme. Ils sont coiffés d'un chapeau rouge à cornes et tiennent leurs mains cachées dans leur dos.

Analyse de la carte

Il est difficile d'analyser cette carte, car, hormis le fait qu'ils soient nus, les personnages n'agissent pas. Toutefois, cette nudité un peu honteuse des deux personnages et celle exhibée du Diable, nous fait penser qu'il y a là une critique de la sensualité. Cette carte nous avertit que les excès physiques nous mènent aux portes de l'Enfer. Le Diable est le roi des plaisirs charnels, des spéculations pécuniaires. Il a pour volonté de les sublimer, de les rendre nécessaires, et de nous attirer à eux. La carte nous montre ici qu'il y est parvenu.

Il triomphe. Elle n'est pas forcément négative pour autant. En effet, celui qui sait maîtriser ses pulsions et ses excès peut s'en faire une alliée. La carte du Diable se rapporte également très souvent à l'argent, aux finances et aux biens matériels.

Sens du Diable dans votre jeu

Le sens d'une carte dépend bien sûr de sa position dans le jeu, toutefois on peut relever des constantes :

Aspect positif

Cet arcane est positif pour celui qui n'est pas esclave de ses passions. Il est même un signe de réussite sur le long terme. Il faut apprendre à se connaître. Si l'on choisit la voie des expériences, des plaisirs charnels, il faut savoir aussi en payer le prix, et compenser d'une autre façon en acceptant des périodes de repos, de difficultés aussi. Le Diable correspond aussi à une rentrée significative d'argent.

Aspect négatif

Le Diable peut présager certains problèmes personnels au niveau sentimental, ou financier. Il indique aussi de prendre certaines précautions quant aux gens manipulateurs et aux relations trop exclusives.

Position dans le jeu

➤ Première carte tirée :
le consultant se révèle être une personne charismatique. Elle cerne les mauvais coups et les personnes sur qui on ne peut pas compter. Elle ne se laisse pas marcher sur les pieds et connaît les combines pour arriver à ses fins.
➤ A côté du Jugement :
la carte marque la fin de déconvenues financières.
➤ A côté de la Maison-Dieu :
le Diable annonce des soucis pécuniaires.
➤ A côté du Pendu :
il prédit des difficultés avec de mauvais payeurs, ou des retards dans le versement d'argent.

Sens pour le tirage astrologique

- En Maison I : le consultant est un passionné à tous les niveaux. Il vit chaque moment intensément. Toutefois, il a appris à connaître ses limites et sait s'arrêter quand il va trop loin.
- En Maison II : le Diable est une carte aux très bons présages du point de vue des biens matériels. Toutes opérations financières s'avèrent judicieuses et aboutissent à d'importantes rentrées d'argent.
- En Maison III : toutes les relations entretenues par le consultant sont passionnées et passionnelles. Cette façon de communiquer avec les autres joue parfois des tours, comme elle peut provoquer des moments de joie extrême. Un rapprochement plus intime avec

une personne est aussi envisageable dans le futur.

- En Maison IV : les liens avec la famille vont connaître quelques remous, car le consultant leur impose quelque chose, ou quelqu'un, malgré les oppositions farouches de certains membres de la famille.
- En Maison V : le Diable révèle ici une vie amoureuse tumultueuse, faite de rebondissements. On ne s'ennuie pas et les querelles, les jalousies ne vont pas s'arrêter de sitôt.
- En Maison VI : grâce à son investissement total, presque maladif, dans le travail, le consultant va obtenir une mission inespérée. Elle aura un effet inattendu sur le quotidien du consultant.
- En Maison VII : il semble que le consultant préfère ne pas s'engager et rester à vivre sans limites sa passion amoureuse. Il demande à un partenaire d'être un peu fou pour le suivre dans toutes ses aventures.
- En Maison VIII : la santé physique et morale ne connait aucun ombrage, et la vitalité du consultant se renouvelle sans cesse.
- En Maison IX : si un travail littéraire, intellectuel est en gestation, c'est le moment de le reprendre, ou de le commencer. Tout participe à favoriser une inspiration prolifique.
- En Maison X : le travail est ralenti par la vie mondaine et mouvementée du consultant. Il n'est plus concentré et laisse de côté le domaine professionnel, au profit des relations amoureuses.
- En Maison XI : des déceptions sont prévisibles parmi les amitiés du consultant. Il peut s'agir de personnes en qui il avait entièrement confiance et qu'il croyait

connaître mieux que quiconque. Il est temps de réagir et d'ouvrir les yeux.

- En Maison XII : le consultant ne supporte pas de voir sa liberté entravée. Il peut fuir sans donner de nouvelles s'il se sent menacé. Il préfèrera fuir pour se réfugier chez un ami, un parent âgé proche.

Arcane XVI - La Maison-Dieu

Au XVe siècle, cette carte mettait en scène un berger en train de garder son troupeau abrité du soleil par un arbre. Au XVIe siècle, on a représenté une tour ouverte en son sommet, d'où s'échappaient des flammes en direction du soleil et deux hommes. Aujourd'hui on retrouve cette dernière image de manière schématique, mis à part le soleil qui a disparu. Dans un paysage rocailleux, parsemé de touffes d'herbes vertes, une tour à trois fenêtres bleues perd son sommet en forme de couronne. Une flamme rouge et jaune très stylisée en sort. Dans le ciel sont dessinés des pois rouges, bleus et blancs. Deux hommes en chute parviennent à toucher le sol. Ils sont vêtus de rouge et de bleu.

Analyse de cette carte

Il est clair que cette carte exprime un échec, une défaite. La couronne tombe par abus de fierté. L'homme a construit une tour trop haute, trop ambitieuse, guidée par sa folie des grandeurs. Le feu divin l'a détruite pour lui rappeler qu'un ego surdimensionné ne pouvait mener qu'à la chute. L'homme doit rester humble et reconnaissant envers les dons de la nature, et non pas les défier. Cette destruction est positive, comme tout échec dans la vie humaine. On doit en tirer des leçons, en sortir plus fort. C'est une chute salutaire. Les pois tricolores pourraient représenter toutes les formes prises par les actions, les réflexions, les choix humains. La Maison-Dieu nous enseigne aussi que notre personnalité n'est jamais totalement achevée et ne peut justifier l'orgueil et la vanité.

Sens de la Maison-Dieu dans votre jeu

Le sens d'une carte dépend bien sûr de sa position dans le jeu, toutefois on peut relever des constantes :

Aspect positif

La Maison-Dieu est rarement positive. Elle traduit souvent un mauvais parcours, de mauvais choix. Son seul côté bénéfique serait qu'elle oblige à se poser des questions, à remettre en cause ce qui a été fait. Elle imposerait de revoir son estime de soi, sa vision du monde peut-être trop égocentrique. Le consultant doit se libérer de ce qu'il croit être bien pour lui et qui ne fait que l'enfermer.

Aspect négatif

C'est la carte la plus redoutée du Tarot de Marseille. Elle rappelle la superficialité de toutes choses. Rien ne dure. La Maison-Dieu fait face à l'orgueil humain et se donne pour but de l'anéantir. Toute personne qui se croit au-dessus des autres sera punie.

Position dans le jeu

➤ Première carte tirée :
le consultant doit prendre du recul. Il semble s'être lancé tête baissée dans certains projets, ou relations. Il est nécessaire de ralentir le mouvement et d'attendre que les choses avancent, sans son intermédiaire, pour agir à nouveau. Le tireur doit le calmer et le prévenir d'une suite malheureuse s'il ne lâche pas du lest.
➤ Autre place dans le jeu :
la Maison-Dieu demeure négative. Elle annonce un échec, une déception brutale, ou une rupture. Le consultant doit prendre conscience que ce qu'il a entrepris, dans n'importe quel domaine, prend une mauvaise tournure. Il doit s'arrêter, ou suspendre ses réalisations après réflexion. Les accusations et les querelles ne l'aideront pas à s'en sortir.

Sens pour le tirage astrologique

- En Maison I : la situation est trouble. On ne sait plus sur qui compter, qui croire, à qui se confier et demander conseil. Une remise en cause générale se prépare dans des domaines que l'on croyait stables et définitifs : le conjoint que l'on croyait fidèle ou le travail que l'on pensait acquis.

- En Maison II : la situation financière s'est dégradée et tous les placements autrefois fructueux font désormais perdre de l'argent. Si l'on ne fait rien, le découvert va se creuser jusqu'à devenir un gouffre sans fond, ni sortie.
- En Maison III : la méfiance est de rigueur. Tout n'est pas bon à dire, et le consultant doit savoir à qui il s'adresse quand il se confie. Les membres de la famille peuvent également ne pas comprendre ses réactions, ses sentiments.
- En Maison IV : la famille se divise suite à un malentendu. Il va être délicat de se comprendre et d'effacer ses rancoeurs.
- En Maison V : la Maison-dieu annonce la fin irréversible d'une histoire d'amour, l'achèvement d'une idylle.
- En Maison VI : le consultant va vivre une cassure ou une discorde. Cela peut toucher aussi bien le domaine professionnel que la santé. L'observation des autres arcanes apportera plus de précisions.
- En Maison VII : c'est le point de non-retour, aussi bien dans la vie conjugale que dans le travail. Le couple est menacé et le divorce est envisagé, ou un licenciement plane sur la tête du consultant.
- En Maison VIII : toute dépense doit être mûrement réfléchie, car la situation financière ne s'améliore pas pour le moment.
- En Maison IX : des conflits attendent le consultant en particulier au sein de son couple. Ces disputes

peuvent aller tellement loin qu'on est obligé de faire appel à un avocat pour régler l'affaire.

- En Maison X : des tensions naissent entre différents membres de la famille. Pour éviter que la situation ne dégénère, il faut s'apaiser et user de diplomatie. Sinon, des gestes ou des paroles pourront blesser durablement.
- En Maison XI : le cercle amical s'est restreint et plus personne n'est présent pour parler des projets communs. Le consultant est déçu de la tournure que prennent les choses, car il avait trop espéré et imaginé.
- En Maison XII : un événement va bousculer soit la santé du consultant, soit son travail. Dans un premier temps, il le gardera pour lui, mais finalement, il aura raison de demander conseil afin de pouvoir surmonter les épreuves.

Arcane XVII - L'Étoile

Sous un ciel étoilé, une charmante femme est agenouillée au bord d'une rivière. Autour d'elle, quelques arbres apparaissent au loin, ainsi qu'un oiseau. Elle a pour seul vêtement sa longue et souple chevelure bleue. Elle tient dans chaque main une cruche rouge qu'elle vide de leur eau aussi bleue que l'eau de la rivière. Elle a le regard doux, mais concentré. Son geste nous évoque celui de l'ange de la Tempérance, sauf que ses deux cruches sont rouges.

Analyse de la carte

A nouveau, on retrouve ce principe de l'eau, symbole du spirituel. Cette femme bienveillante nourrit la rivière. Le paysage autour d'elle est luxuriant, l'oiseau vole gaiement. C'est l'image de la mère qui aide, guide sur le chemin de la vie. L'étoile nous rappelle celle suivie par les bergers le soir de la naissance du Christ. Elle les mène à leur but. Elle donne l'espoir même lorsque sa tour s'est effondrée. Cet arcane interviendrait dans le jeu pour donner de l'espoir et de la lumière en période de doute. L'Etoile coïncide avec un instant propice, qui doit être saisi, car il ne dure pas. C'est une carte qui indique aussi un aboutissement, un apaisement.

Sens de l'Etoile dans votre jeu

Le sens d'une carte dépend bien sûr de sa position dans le jeu, toutefois on peut relever des constantes :

Aspect positif

Cet arcane est rarement négatif. Au contraire, il insuffle sur le jeu une quiétude, une absence de craintes. Il ne se suffit pas à lui-même et, encore plus que les autres cartes, il ne prend tout son sens qu'en rapport avec les autres. Il redonne confiance, c'est une carte constructive.

Aspect négatif

Même si cette carte est avant tout positive, elle peut, si elle est prise au premier degré, conduire à la naïveté. Il ne faut pas pour autant se laisser aller à rêver et se laisser hypnotiser par cette lueur étoilée. Cela ne doit rester qu'un passage. Il faut continuer à avancer une fois que l'on a retrouvé confiance. Elle peut marquer aussi un enfermement et un certain mal-être passager.

Position dans le jeu

➤ Première carte tirée :
elle révèle que le consultant se sent plutôt satisfait de sa vie et que la période lui est propice. Il a fait les bons choix et en récolte les fruits. C'est aussi une personne qui apprécie les belles choses, l'art en général.

➤ Autre place dans le jeu :
l'Etoile, où qu'elle soit, reste une carte bénéfique. Elle présage une amélioration, ou la réalisation d'un projet attendu. Elle annonce une issue favorable, par exemple une guérison.

Sens pour le tirage astrologique

- En Maison I : le consultant mène ses projets à terme avec aisance. La chance est avec lui, à tel point qu'une connaissance perdue de vue ressurgit pour l'aider à sa mesure.
- En Maison II : le consultant a tout intérêt à remettre son argent entre les mains d'un expert qui fera fructifier son capital. En effet, c'est une période particulièrement faste et il doit en profiter avant que le vent ne tourne...
- En Maison III : l'Etoile confirme que l'entourage est là pour veiller au bien-être du consultant. Rien ne leur échappe. Une personne peut se distinguer des autres par son attachement particulier au consultant. Une amitié sincère naît peu à peu.
- En Maison IV : la famille reste toujours à son écoute et aux petits soins s'il en ressent le besoin.
- En Maison V : une rencontre est possible durant cette période de chance. Les réalisations intellectuelles, littéraires, artistiques sont largement favorisées.
- En Maison VI : de nouvelles opportunités professionnelles se dessinent et le consultant n'a que l'embarras du choix. Par ailleurs, il jouit d'une forme physique exemplaire.

- En Maison VII : le consultant est très apprécié. Il entretient une relation soit amoureuse, soit amicale qui lui apporte énormément à tous niveaux. Il devient connu dans les milieux mondains.
- En Maison VIII : les finances vont s'améliorer rapidement, comme l'Etoile nous l'indique. L'amour de son entourage, son soutien, vont permettre de garder le sourire et le moral.
- En Maison IX : c'est le bon moment pour le consultant de signer des accords, de nouer une union conjugale. Ils se feront dans les meilleures conditions.
- En Maison X : le travail est reconnu et récompensé, le salaire augmenté, tout marche à merveille au niveau professionnel. Bien sûr cela se ressent sur les relations sentimentales, qui se passent sous les meilleurs auspices.
- En Maison XI : l'Etoile ici montre à quel point le consultant est apprécié par son entourage et sollicité sans trop d'arrière-pensées.
- En Maison XII : les difficultés se terminent et toutes les petites embûches rencontrées sont dépassées. Il faut savoir s'en souvenir quand la malchance revient, pour la prendre comme une leçon de vie.

Arcane XVIII - La Lune

Le bleu domine cette carte. La lune, sous l'aspect d'un profil de femme en croissant de lune, s'inscrit dans un soleil aux rayons tricolores (bleu-rouge-blanc). Son éclat est freiné par la lune. Celle-ci éclaire de sa lumière bleutée une cité fortifiée dont on aperçoit deux tours. De ses faisceaux lumineux s'échappent des gouttes tricolores (jaune-rouge-bleu). A côté d'un bassin, deux animaux à l'air féroce, apparemment des chiens, aboient en regardant la lune. Dans le bassin se trouve un scorpion, ou une écrevisse. Il est difficile de cerner ce qui se trame sur cette carte, que raconte-t-elle ?

Analyse de la carte

C'est une sorte d'éclipse imaginaire que l'arcane XVIII met en scène. La lune cache le soleil, mais c'est aussi une révélation de ce que l'on ne voit pas dans l'obscurité. Elle nous éclaire l'invisible. Le chien est un animal bien perçu à l'époque médiévale. C'est le compagnon fidèle de l'homme, celui qui le protège et le prévient des dangers. Il est aussi considéré comme le gardien de l'au-delà, l'intercesseur entre les deux mondes. Cette carte nous invite à faire face à nos craintes, à affronter la part obscure qu'il y a en nous. Regardons nos faiblesses, nos failles, acceptons d'y faire face sans crainte. L'expérience sera douloureuse, mais elle est nécessaire pour pouvoir avancer.

Sens de la Lune dans votre jeu

Le sens d'une carte dépend bien sûr de sa position dans le jeu, toutefois on peut relever des constantes :

Aspect positif

La Lune avertit d'un moment difficile, mais salutaire. Il va falloir accepter de regarder en arrière et analyser nos actes, en particulier ceux qui ont mal abouti ou échoué, pour en trouver la cause. Cet arcane peut correspondre aussi à un moment de retraite, de quête en solitaire, de voyage spirituel. Il correspond aussi à un élément féminin qui vous est bénéfique, et en qui le consultant peut avoir confiance, trouver un appui.

Aspect négatif

Cet arcane peut annoncer un obstacle, une contrariété qui va bouleverser des plans préétablis, ou des situations que le consultant a crues immuables. Elle peut être liée aussi à un état de dépendance inconscient et néfaste. Il emprisonne le consultant et peut le rendre nerveux et dépressif. La Lune est parfois liée aussi à une trahison ou une tromperie.

Position dans le jeu

➤ Première carte tirée :
le consultant semble être une personne fragile et peu sûre d'elle. Elle se dévalorise et a besoin d'avis extérieurs pour agir. Elle manque de sérénité.

➤ Autre place dans le jeu :
la Lune peut annoncer des troubles de la personnalité, de fortes angoisses. Toutefois, ces comportements font travailler son imagination et peuvent devenir profitables si la personne sait les utiliser.

Sens pour le tirage astrologique

- En Maison I : une femme va intervenir et influencer le quotidien du consultant. Si le consultant est une femme, cela peut signifier aussi qu'elle est enceinte.
- En Maison II : les comptes sont gonflés jour après jour et les gains augmentent. C'est le moment pour faire des placements, ou d'investir.
- En Maison III : les femmes de l'entourage du consultant vont lui tendre la main à plusieurs reprises. Des personnes lui viendront en aide alors même qu'il n'aurait pas pensé qu'elles se seraient inquiétées de lui.
- En Maison IV : la famille prend forme peu à peu, car cette lame présage une naissance ou un mariage. Elle annonce aussi un investissement immobilier en vue de la création d'un foyer.
- En Maison V : c'est une période prolifique. Une naissance est à prévoir, ainsi qu'un regain de dynamisme dans le couple.
- En Maison VI : le consultant jouit d'une bonne santé. Son activité intellectuelle est particulièrement développée. Il semble qu'un nouveau travail va lui être confié même s'il n'en avait pas spécialement fait la demande.

- En Maison VII : la Lune indique ici un mariage à venir. Par ailleurs, le consultant devient de plus en plus connu là où il vit.
- En Maison VIII : quelques querelles risquent de ternir le calme familial. Par ailleurs, la santé du consultant, ou d'un proche va se dégrader.
- En Maison IX : les voyages intérieurs ou vers des contrées lointaines ont apaisé le consultant qui se sent à présent serein.
- En Maison X : la carrière du consultant va être fortement influencée par une femme qu'il ne va pas reconnaître tout de suite.
- En Maison XI : le consultant entretient avant tout des amitiés féminines. Elles seront présentes à la moindre difficulté qu'il rencontrera.
- En Maison XII : le couple du consultant ne marche pas comme il le souhaiterait. La patience pourra peut-être venir à bout des doutes, à condition que chacun des deux accepte des compromis.

Arcane XIV - Le Soleil

Après l'Etoile et la Lune, vient logiquement le Soleil. Son visage enfantin irradie la scène de ses rayons à quatre couleurs (rouge, jaune, bleu et vert). On retrouve ces mêmes gouttes tricolores, présentes dans l'arcane de l'Etoile, tombant du ciel. En bas de la carte, devant un muret, on voit deux personnages masculins avec pour seul vêtement un tissu bleu noué au bas du ventre et un collier au ras du cou, couleur chair. Celui de droite pose sa main sur l'épaule de son compagnon, qui lui touche le torse.

Analyse de la carte

Le soleil disperse ses gouttes sur ce couple de jeunes jumeaux avec bienveillance. Il leur apporte jeunesse, chaleur et autres bienfaits. Leur collier fait penser à celui composé de perles de corail, que l'on faisait porter aux jeunes enfants à la période médiévale. Il devait éloigner les mauvais esprits. Dans la mythologie antique, dont s'inspire largement l'iconographie chrétienne, le soleil est toujours perçu comme un astre immortel, jeune et bénéfique pour l'homme. Il représente aussi l'illumination divine. Le soleil touche par sa grâce ces jumeaux, la paix intérieure semble atteinte. Le muret pourrait représenter les limites humaines au-delà desquelles on se lance dans tous les risques et périls possibles.

Sens du Soleil dans votre jeu

Le sens d'une carte dépend bien sûr de sa position dans le jeu, toutefois on peut relever des constantes :

Aspect positif

Cette carte fait référence au monde de l'enfance. Elle nous rappelle notre innocence première, celle que nous avions enfant. C'est aussi l'émerveillement et la candeur que l'on a tendance à oublier en grandissant. Le Soleil peut nous aider à la retrouver et à revivre cette sensation de plénitude. C'est une période de chance, où il ne faut pas craindre de se lancer et de partager nos envies et nos découvertes.

Aspect négatif

Si l'arcane du Soleil est mal entouré, il peut signifier aussi que le consultant s'aveugle sur certaines choses. Ces rayons l'empêchent d'avoir un jugement objectif sur les événements, ou les personnes qui l'entourent. Ils le poussent même à ne plus avoir de recul sur lui-même. A tel point qu'il devient arrogant et vaniteux. Il y a peut-être aussi des difficultés à régler avec une figure masculine.

Position dans le jeu

➤ Première carte tirée :
elle peut révéler que le consultant est quelqu'un qui a confiance en lui, au risque parfois de ne vouloir faire

confiance qu'à lui-même. Il est perspicace et arrive rapidement à savoir ce que les autres ressentent.

➤ Autre place dans le jeu :

cette carte apporte le plus souvent de bonnes prédictions. Cela peut être dans le domaine professionnel : une ascension sociale, une réussite après une prise de risque, une remise de diplôme. Plus personnellement, elle présage une union, une satisfaction financière ou une période d'inspiration prolifique.

Sens pour le tirage astrologique

- En Maison I : le consultant est plein de vitalité et tout lui sourit. Ses amis chers le chérissent plus que jamais et souhaitent monter des projets avec lui.
- En Maison II : les finances ne cessent de fructifier, les placements faits autrefois rapportent enfin.
- En Maison III : le consultant se sent bien et en fait bénéficier son entourage. Un membre de sa famille va profiter d'ailleurs de cette chance.
- En Maison IV : le Soleil prévient que l'achat d'un bien immobilier pourrait rapporter et constituerait en même temps un foyer confortable.
- En Maison V : c'est une bonne période pour concrétiser une union de longue date et conclure des accords, des partenariats.
- En Maison VI : le consultant va changer de poste et se débarrasser de fonctions qui lui pesaient. Il va désormais avoir davantage de responsabilités.
- En Maison VII : la vie conjugale est en pleine effervescence et le consultant peut se lancer dans tous

ses projets le coeur léger. Sa créativité se trouve également exacerbée.

- En Maison VIII : une crise se prépare. Le couple ne cesse de se disputer et ce sont toujours les mêmes sujets de discorde. La famille n'aide pas à en sortir, au contraire, car elle prend parti dans ces conflits. Seul le domaine financier se porte bien.
- En Maison IX : le consultant a tout intérêt à partir, prendre de la distance pour se retrouver. Un repli temporaire lui fera le plus grand bien.
- En Maison X : son travail est apprécié et remarqué. On va lui faire des propositions intéressantes qui vont le mettre en valeur.
- En Maison XI : à nouveau les amis apportent du soutien et une oreille attentive et attentionnée.
- En Maison XII : le consultant va devoir faire face à des obstacles, des oppositions au niveau financier et affectif. Ils vont le blesser ou lui faire perdre le moral.

Arcane XX - Le Jugement

La carte du Jugement est particulièrement expressive. Suspendu, dans une spirale de nuages bleus, un ange auréolé aux grandes ailes s'apprête à souffler dans sa trompe. De sa main droite, il tient un drapeau blanc avec une croix jaune. Des nuages, sortent des faisceaux de lumière jaune et orange. Au sol, dans ce même paysage vallonné, se trouvent trois personnages réunis autour d'un trou sombre en forme de carré. Celui de droite semble être un vieil homme, celui de gauche une femme et celui de dos un jeune homme. Ils ont les mains jointes en signe de prosternation. Le jeune homme porte une coiffure identique à celle que portait l'un des fidèles prosternés sur la carte du Pape : une coiffure monacale.

Analyse de la carte

C'est au Jugement dernier que fait référence cette carte. Pour les croyants, les mortels y sont tous convoqués. C'est le passage obligé au moment de la mort, où il va falloir rendre compte de ses actes, bons ou mauvais, tout au long de sa vie. Chaque homme devra alors payer sa dette, ou être récompensé. Le trou que l'on aperçoit représente vraisemblablement le trou formé par le cercueil. Les trois personnages se retrouvent face à ce vide dont l'issue est inéluctable. L'ange annonce l'intervention divine qui va sauver les âmes.

Le drapeau qu'il tient pourrait symboliser les quatre éléments (eau, terre, feu, air). Parallèlement, ils symbolisent à la fois les trois âges de la vie, mais aussi l'amour, la compassion pour la femme, la sagesse intérieure pour l'homme. Après s'être enrichi des expériences de ses deux parents, le jeune homme serait alors devenu leur guide. Il semble que ces trois personnages soient sains et saufs, leur âme a été libérée et le Jugement leur a été favorable. C'est une nouvelle chance qui leur est donnée, un nouveau départ.

Sens du Jugement dans votre jeu

Le sens d'une carte dépend bien sûr de sa position dans le jeu, toutefois on peut relever des constantes :

Aspect positif

Elle annonce la résolution à venir d'un problème, une issue positive dans un laps de temps assez court. Cela peut concerner la santé avec une guérison, ou la vie professionnelle avec l'évolution de la carrière, ou de nouvelles missions attendues depuis longtemps. Cette carte prépare un renouveau et d'heureux hasards.

Aspect négatif

Elle peut aussi prédire un mauvais aboutissement, une duperie et une déception, si l'on attendait quelque chose.

Position dans le jeu

➤ Première carte tirée :
cette carte marque sans conteste un renouveau dans la vie du consultant, qui est dû essentiellement à lui. Grâce à son envie de changement, il a agi et a bouleversé son quotidien monotone. Cette résolution lui réussit et est venue au bon moment.
➤ Autre place dans le jeu :
elle reste favorable et annonciatrice de bonnes nouvelles.

Sens pour le tirage astrologique

- En Maison I : le tireur doit se pencher également sur les Maisons IV et VII pour préciser cette carte. Il semble que le consultant va connaître un bouleversement rapide, qui peut être positif ou négatif en fonction des autres arcanes.
- En Maison II : des rentrées d'argent imprévues et conséquentes sont à attendre assez rapidement.
- En Maison III : un changement brutal va se dérouler soit parmi les collègues du consultant, soit parmi les proches. Il se peut que cet événement soit d'ordre intellectuel. Il chamboule personnellement en tout cas, et rejaillit sur le quotidien et le rapport aux autres.
- En Maison IV : la famille et les biens familiaux vont être frappés par un événement que l'on ne peut déterminer qu'à l'aide des autres cartes.
- En Maison V : une rencontre inattendue va déstabiliser le consultant. Elle va lui donner des ailes et l'encourager à tous niveaux.

- En Maison VI : le consultant doit s'attendre à des nouveautés imprévues dans son travail. Elles peuvent être positives ou négatives. S'il ne s'y prépare pas, il risque d'être dérangé, s'il décide de l'accepter, tout ira pour le mieux. Par ailleurs, sa santé est parfaite.
- En Maison VII : quelques bouleversements dans le couple, dont il va falloir surmonter les conséquences.
- En Maison VIII : le consultant a du mal à gérer ses finances, mais une aide inattendue vient le soutenir et lui donner les conseils qu'il faut pour se relever.
- En Maison IX : le Jugement indique ici que le consultant en quête d'une réponse va aboutir à une solution surprenante, qui va un peu le déstabiliser. Il pourrait être amené à se déplacer, à effectuer de multiples voyages pour trouver d'autres réponses plus satisfaisantes.
- En Maison X : un changement va perturber le rythme quotidien, le planning professionnel. Il va falloir s'en accommoder et s'organiser en fonction.
- En Maison XI : les projets et les collaborations qui avaient été envisagés de longue date vont être remplacés. L'intervention de nouvelles personnes, de nouvelles idées seront à l'honneur et permettront de nouveaux partenariats.
- En Maison XII : le consultant ne semble pas en bonne santé physique. Il a quelques soucis plus ou moins importants. En tout cas, ces désordres physiques vont le pousser à changer d'hygiène de vie. Il va suivre un nouveau mode de vie inventé par lui, ou par d'autres, mais qui lui sera profitable.

Arcane XXI - le Monde

On ne s'attend pas à voir une belle jeune femme pour représenter le monde. En effet, inscrite dans une couronne de lauriers tricolores, une femme nue, avec un foulard sur l'épaule, se tient au centre de la carte. Elle est en équilibre sur sa jambe droite, sa jambe gauche étant pliée derrière. Elle porte un bâton dans ses deux mains, ce qui lui permet de tenir en équilibre. A chaque angle, on trouve en haut à gauche, un personnage nimbé et ailé portant un tissu, en haut à droite, un aigle nimbé sur un nuage, déployant ses ailes bleues, en bas à gauche un taureau (ou un cheval ?), et en bas à droite un lion nimbé de couleur jaune.

Analyse de la carte

Cette jeune femme nous fait penser à la figure d'Aphrodite, déesse de la beauté dans l'Antiquité grecque. Ses formes sont harmonieuses, elle symbolise la perfection humaine. Elle se tient dans une mandorle, la forme en amande dans laquelle s'inscrivent les figures divines « en gloire » dans l'iconographie chrétienne. On sent comme la fin de quelque chose, un aboutissement, l'apogée du jeu de tarot. Tout y est réuni : la beauté et les quatre éléments représentés par le lion (feu), l'aigle (terre), l'eau (taureau), l'air (l'ange). Ces quatre figures nous rappellent également les quatre évangélistes de la Bible, qui étaient souvent symbolisés sur les enluminures médiévales par des animaux, ou des anges. C'est la carte de l'accomplissement, de la quête aboutie. La couronne de laurier représenterait l'aura réalisée par l'homme dans les domaines matériel (rouge), mental (jaune) et spirituel (bleu). Le personnage triomphe sur l'universel, sur la nature, mais aussi l'équilibre qui règne entre les deux. Certains commentateurs considèrent que le personnage central est androgyne, c'est-à-dire mi-homme mi-femme. L'arcane ferait alors référence à un tout, et par conséquent au monde dans sa totalité n'excluant pas le masculin dans cet aboutissement, cette harmonie ultime. Le foulard viendrait cacher un sexe masculin. Cette interprétation est largement discutable, car le corps de ce personnage est bien fidèle à celui d'une femme. Le tissu semble plutôt avoir été dessiné par pudeur, comme cela était courant à l'époque médiévale.

Sens du Monde dans votre jeu

Le sens d'une carte dépend bien sûr de sa position dans le jeu, toutefois on peut relever des constantes :

Aspect positif

Cet arcane est toujours lié à une réussite, à un événement favorable. Cependant, cette période faste n'est pas illimitée, elle prend fin. Il faut donc savoir la saisir et l'utiliser à bon escient, sans la considérer comme acquise par la suite.

Aspect négatif

Si cette lame est entourée de cartes négatives, elle peut toutefois annoncer des événements difficiles moralement, ou prévenir de l'influence néfaste de certaines personnes de son entourage. Elle marque un repli sur soi, un sentiment d'abandon.

Position dans le jeu

➤ Première carte tirée :
quand cette carte est la première tirée, le consultant doit tirer le bénéfice de la période actuelle. Elle lui est particulièrement favorable et tout ce qu'il entreprendra lui réussira.
➤ Autre place dans le jeu :
elle est liée à de grands succès comme il en arrive peu dans une vie. Les finances se portent au mieux, une entente harmonieuse règne avec l'entourage, la famille, les amis. C'est un peu un moment de grâce dont il faut savoir tirer parti.

Sens pour le tirage astrologique

- En Maison I : tout est possible pourrait résumer ici cette lame. Le consultant vit une période faste pour lui dans tous les domaines. Ses entreprises seront récompensées et dépasseront ses espérances.
- En Maison II : le consultant a tout intérêt à faire appel à un spécialiste pour gérer son compte. En effet, le Monde présage une réussite, une spéculation

financière, qui peuvent valoir le coup. Les placements vont rapporter.

- En Maison III : l'entourage du consultant se réjouit de le voir se porter à merveille. Il attire aussi les convoitises, les jalousies, mais ses proches sauront le prévenir de toute personne malfaisante. Tout se passe bien également avec les membres de sa famille. La créativité aussi est au rendez-vous, et le consultant n'aura aucune peine à trouver l'inspiration.
- En Maison IV : les relations familiales prennent une place importante dans la vie du consultant. Tout le monde s'entend bien et les nouveaux membres s'intègrent parfaitement. Il est possible aussi que des liens très étroits se créent avec la belle-famille, si le consultant est marié.
- En Maison V : le couple connaît une période de grande complicité. Les deux ont le coeur léger et les yeux remplis d'affection l'un pour l'autre. L'amour exalté de cette façon apporte un grand bien-être. La créativité s'en nourrit.
- En Maison VI : le consultant est pleinement satisfait de son travail et des relations qu'il a nouées avec ses collègues. De jour en jour, il profite de son poste, et des opportunités qu'il lui offre. Sa bonne humeur fait de lui un collègue idéal.
- En Maison VII : des contrats en attente vont finir par être signés dans les termes voulus par le consultant. Les projets qu'il a en commun avec son compagnon commencent à prendre forme. Certains sont même sur le point de se concrétiser.
- En Maison VIII : aucune crise à l'horizon. Les finances

méritent un regain d'attention, tellement il serait profitable d'augmenter les gains.

- En Maison IX : le consultant commence à mieux voir le sens qu'il veut donner à sa vie. S'il est en quête spirituelle, celle-ci va lui être profitable à tous les niveaux. Si c'est un étudiant, ses recherches vont aboutir, et la phase de rédaction lui procurera un grand plaisir.
- En Maison X : la carrière professionnelle va évoluer, et même faire un grand bond en avant. Le consultant est récompensé des efforts qu'il a fournis pour pouvoir briguer les plus hautes fonctions. Les partenariats se multiplient.
- En Maison XI : des amis perdus de vue vont ressurgir au bon moment, des rencontres vont apporter un soutien au consultant. Sa vie sociale lui permet de rencontrer de nombreuses personnes dans des domaines très variés.
- En Maison XII : le consultant est apaisé et se sent bien dans sa peau. Toutefois, sa santé doit être suivie. Les arcanes mineurs diront s'il faut s'en inquiéter ou non.

Arcane du Mat

Cette figure est la plus intéressante du tarot. On l'appelle aussi le Fou. Elle n'a pas de numéro, mais on la considère comme le dernier arcane majeur du jeu. Il marche sur un terrain rocailleux parsemé de touffes d'herbes identiques à ce que l'on a déjà rencontré sur les autres cartes. Il avance en direction de la droite, un bâton de marcheur dans la main droite. De sa main gauche, il tient une baguette à laquelle est suspendu un baluchon. Il est vêtu comme pouvait l'être le personnage du bouffon dans les cours médiévales. Il a un collant bleu, une tunique serrée à la taille de couleur rouge et jaune. Un col à clochettes retombe dans le haut de son dos. Il porte un curieux casque jaune et rouge. Derrière lui, un petit chien le suit et saute pour déchirer son collant, qui pend en laissant découverte sa jambe nue. Le Mat n'a pas l'air d'y prêter attention. Il nous fait penser à de nombreux personnages littéraires tels que Don Quichotte, Charlot, ou le Joker dans d'autres jeux de cartes. C'est l'incompris, l'insaisissable, celui qui nous fait rire ou pleurer. On ne sait pas s'il fait exprès de ne pas comprendre, ou s'il est plus lucide que quiconque et qu'il laisse la bêtise humaine derrière lui pour poursuivre son but.

Analyse de la carte

Le Mat est la carte sans nombre, sans place dans le

jeu de tarot. Il est partout et nulle part. C'est l'âme errante qui relie tous les arcanes majeurs. Il porte son baluchon comme un fardeau et derrière lui un chien l'assaille. Pourtant, il ne semble pas y prêter attention. Il n'a pas conscience que le chien lui arrache son vêtement et que sa jambe est dénudée. Il ne voit pas le chien qui le harcèle. Il continue d'avancer seul, sans lanterne contrairement à l'Hermite. Il semble connaître sa route et rien ne l'en distrait. Il va certainement attirer les remarques, les rires avec ses grelots et son trou béant, mais cela ne l'atteint pas. Il a acquis une certaine sagesse, un recul, à moins qu'il ne soit perdu, tellement déboussolé qu'il n'ait plus de recul sur ce qui l'entoure ? Il est difficile d'analyser de manière tranchée ce personnage. Il nous intrigue. Le Mat est un personnage au savoir immense, mais qui l'ignore et, pour lui rendre la vue sur lui-même, il doit passer par des épreuves, des tentations qui, à chaque fois, l'écartent de son but.

Sens du Mat dans votre jeu

Le Mat est la seule carte du tarot qui ne peut avoir de sens qu'en étant comparée avec celles qui l'entourent. On ne peut pas en définir des constantes. En fonction du jeu, il prendra alors un aspect positif ou négatif.

Aspect positif

Si le Mat est entouré de cartes fastes, il peut alors

prendre la forme de l'expérience, de la sagesse acquise. Il devient une forme de perfection. Il est celui qui ne croit qu'en lui-même, qui suit sa route sans écouter les critiques, les médisances des personnes jalouses. Il avance, sûr de ses choix et du but qu'il poursuit. Il agit rapidement, sans hésitation. Dans le jeu, le consultant est encouragé à se lancer, à prendre des risques, à se transformer même si on ne le reconnaît plus. Il essuiera les critiques, mais il poursuivra sa route et en sera récompensé.

Aspect négatif

Si des cartes néfastes l'accompagnent, il devient alors l'image du doute, de la crainte et du manque de confiance. Il agit par peur, souvent sous l'influence du regard des autres. Il se sent souvent perdu et désemparé. Dans ce contexte, le Mat peut être dangereux dans le sens où il agit fréquemment sans réfléchir et sans prévenir. Il devient lunatique. Le consultant devrait cesser de n'en faire qu'à sa tête.

Position dans le jeu

➤ Première carte tirée :
le consultant a toutes les raisons de venir consulter les tarots. Il ne sait pas où il va, et du coup il fuit, et se fuit lui-même. Il n'a pas de lanterne pour l'éclairer et attend que quelque chose se passe pour être libéré de sa propre prison. Il est influençable et manque de patience. Pourtant, l'issue est proche si l'on apprend à ouvrir les yeux, et à s'ouvrir à ce qui nous entoure.

➤ Autre place dans le jeu :
elle désigne quelque chose d'inattendu, d'étrange, qui survient de façon curieuse. Elle annonce un drôle de hasard. C'est aussi la carte de l'imprévisibilité, de la trahison, de l'inconstance.

Sens pour le tirage astrologique

- En Maison I : le consultant doit mûrir toutes décisions surtout si elles touchent des domaines à risques, ou bien si elles mettent en jeu le bien-être d'une personne. En effet, il s'agit pour lui d'une période troublée. Il ne sait pas où il va, ni ce qu'il veut faire. Il a besoin de réfléchir, de prendre son temps, de consulter des gens, récolter les points de vue.
- En Maison II : le consultant ne sait pas gérer ses finances et à tendance à fuir devant les factures, les calculs comptables complexes. Au lieu de demander de l'aide, il préfère fermer les yeux et laisser s'accumuler les dettes, jusqu'à ce qu'on le force à payer. Il doit ranger sa fierté et accepter le soutien d'une personne adéquate.
- En Maison III : le Mat indique que le consultant ne peut compter sur personne, et réciproquement. Il n'a pas de véritable soutien, ni d'ami. Ses collègues de travail le considèrent souvent comme quelqu'un de paumé et le mettent à l'écart.
- En Maison IV : le consultant se sent quelque peu gêné vis-à-vis de sa famille. Il souhaiterait qu'elle soit fière de lui, mais il n'a rien à leur prouver. Ses choix n'ont pas toujours été bons et il a suivi une

direction que ses proches ont désapprouvée. Il serait profitable pour lui de se rapprocher d'elle et de mettre sa fierté au placard.

- En Maison V : les relations amoureuses du consultant sont soit inexistantes, soit pas claires. Elles lui apportent plus de tracas que de réconfort. Il ne sait pas s'il veut poursuivre une relation ou non. Il se désintéresse rapidement de l'autre et préfère papillonner. Il fuit son propre vide affectif finalement.
- En Maison VI : la fatigue et la lassitude gagnent très souvent le consultant, et tout particulièrement dans son travail. Il se laisse facilement emporter par le stress, ce qui risque de rendre son travail médiocre. Il doit se ressaisir sinon il va subir d'importantes déconvenues.
- En Maison VII : le consultant a tendance à être aveugle sur lui-même, et par conséquent, encore plus sur les autres. Il a l'impression parfois que son compagnon, ou son conjoint sont un parfait inconnu. Le Mat annonce ici des difficultés dans le couple, suite à une déception ou une trahison.
- En Maison VIII : la crise existentielle est profonde et générale. Toutefois, le domaine qui en pâtit le plus reste le domaine financier. Il ne s'améliore pas et rien n'est fait pour. Pourtant, le soutien d'une personne expérimentée pourrait largement remettre les finances sur la bonne voie.
- En Maison IX : c'est une période difficile pour le consultant. La présence du Mat ici déconseille fortement tout engagement, toute prise de décision, ou toute négociation. Mieux vaut rester chez soi, prendre du

repos, lire, se relaxer afin de repartir sur de bonnes bases lorsque cette vague sera passée.

- En Maison X : le consultant n'est pas au meilleur de sa forme et son entourage le ressent. On le fuit, on se rétracte, on évite les discussions fâcheuses. Les contrats ne sont plus signés, les projets abandonnés. Il en faut peu pour que le consultant tombe en grave dépression. Toutefois, les arcanes accompagnant le Mat vont révéler ce qui va se passer, et si la situation est si inextricable que cela paraît.
- En Maison XI : les faux amis fuient lorsque l'on ne va pas bien. Au moins, c'est le bon moment pour faire le tri ! Peu vont rester...
- En Maison XII : le Mat précise que le consultant est au plus mal. Il doute profondément de lui et de ses capacités en général. Il se rend malade, fuit la réalité pour ne pas s'affronter lui-même et regarder sa vie en face. Il est temps pour lui de prendre une nouvelle voie, quitte à changer de ville, de pays. Il est nécessaire de se réveiller, d'arrêter d'avoir peur et de se croire seul au monde face à ce genre de problèmes. En effet, chaque être humain se remet en cause, se pose des questions sur ses choix, sa vie. Le secret est de prendre cela comme un jeu, de lancer les dés, de se lancer...

Les Arcanes mineurs

Nous avons vu précédemment que les lames mineures n'étaient pas des cartes qui se suffisent à elles-mêmes, et qu'elles ne pouvaient révéler leur sens qu'accompagnées des lames majeures. Il n'existe aucune méthode de tirage qui n'utiliserait que ces lames. Elles sont toutefois nécessaires lorsque l'on souhaite obtenir un éclaircissement, ou des détails plus précis que ceux qu'une lame majeure nous révèle. Elles rendent moins abstraits les renseignements que celles-ci nous fournissent. On en dénombre cinquante-six, classées en quatre séries : épées, coupes, deniers, bâtons. Pour chaque famille, on trouve les nombres de 1 à 10, un as, un valet, un cavalier, une reine et un roi. On distingue également deux autres groupes :

Les cartes dites « actives » correspondant aux bâtons et aux deniers. Elles induisent l'action, l'expansion et on les rapproche souvent des éléments Feu et Terre. Elles se servent de ce qu'a engendré le travail intérieur et le réalisent.

Les cartes dites « passives » correspondant aux épées et aux coupes, qui sont liées aux sens et aux éléments Air et Eau. Elles engendrent un travail intérieur et nourrissent l'esprit. D'une manière générale, on considère que chacune de ces quatre séries se rattache à une signification particulière :

L'Epée = énergie. C'est l'activité matérielle qui permet l'accès aux réflexions, à la spiritualité, et au divin, la lutte pour parvenir à agir.

La Coupe = sentiment. Elle fait référence à la sensibilité humaine sous toutes ses formes, à la passion qui engendre l'action.

Le Denier = matérialité. Il rend concrètes les richesses acquises spirituellement par l'homme, c'est l'union du matériel et du spirituel. Il est lié à la stabilité, l'équilibre de la famille.

Le Bâton = concrétisation. Il symbolise la force matérielle positive, qui permet de réaliser des projets, de faire avancer le bien-être de l'humanité. C'est ce qui met en route l'action.

A présent, analysons ces cartes en commençant par les figures ; puis ensuite nous analyserons les nombres, les quatre familles étant confondues.

LES FIGURES

Les figures se situent sur un plan plus élevé que les nombres, c'est-à-dire qu'elles ont plus d'impact qu'eux sur les arcanes majeurs.

Les Valets

Le valet représente les choses en gestation, sur le point de se transformer en acte. Cependant, il lui manque encore de l'énergie pour le faire, cela reste interne.

Le Valet d'Epée

Ce valet se tient dans une position déhanchée. Il tient une épée dans sa main gauche et le fourreau rouge dans sa main droite. Il regarde vers le bas comme s'il était concentré, tout en brandissant son arme.

Analyse : cette carte n'inspire rien de positif. Ce valet indique que le consultant doit ordonner ses pensées, y trouver un ordre, sans quoi il ne pourra pas agir. Il annonce aussi des querelles avec son entourage, des trahisons.

Le Valet de Coupe

Bien différent du valet précédent, le Valet de coupe avance doucement vers la gauche. Il tient de sa main gauche son petit chapeau jaune, et de sa main droite, il porte sa coupe vide. Il semble avoir le regard un

peu perdu. Une couronne de fleurs blanches lui enserre la tête.

Analyse : ce valet rêveur ressemble à l'image que l'on peut se faire de l'amoureux perdu dans ses douces pensées. Il annonce une certaine satisfaction dans le domaine affectif. C'est aussi la figure d'un jeune homme qui peut vous aider par affection, ou par amour.

Le Valet de Bâton

Voici un fier jeune homme que ce Valet de Bâton. Il se tient de profil, le dos bien droit. Il tend ses mains vers son bâton pour le saisir.

Analyse : sa droiture physique est le reflet de celle de son âme. C'est un personnage de confiance, qui sait ce qu'il veut. Il peut rencontrer certaines difficultés pour parvenir à ses fins, mais il y parvient toujours.

Le Valet de Denier

Le Valet de denier se tient face à nous, solidement campé sur ses deux pieds. Il nous montre son denier tout en le regardant. De sa main gauche, il tient sa ceinture. Un autre denier est visible à ses pieds.

Analyse : c'est un valet annonciateur d'une réalisation prochaine. Il est constant et prévisible. Il peut aussi annoncer le soutien d'une personne méritante et qui, à force de travail, atteint chaque fois son but.

Les Cavaliers

La figure à cheval entre dans l'action. Il agit suivant les directives du valet. C'est une force motrice, qui ne suffit pas elle-même, car elle n'a pas le recul nécessaire.

Le Cavalier d'Epée

Le Cavalier d'Epée porte une solide armure, et tient son épée dans la main gauche. Son cheval fait une fière cabriole pour annoncer un départ imminent.

Analyse : ce cavalier est paré pour le combat. Il connaît son devoir et le visage de son ennemi. Il symbolise la rapidité d'action et de prise de décision en toutes circonstances. Il est aussi obstiné et sans pitié face aux obstacles qu'il rencontre. Il nous conseille de tenir bon coûte que coûte, face aux difficultés.

Le Cavalier de Coupe

Contrairement au Cavalier d'Epée, le Cavalier de Coupe ne porte pas d'armure. Il ressemble davantage à un valet. Il est vêtu comme s'il effectuait une promenade à cheval. Il tient sa coupe joliment ciselée. Son cheval, moins fougueux, avance en trottant vers la gauche.

Analyse : ce personnage annonce une rencontre qui redonne l'espoir après un moment difficile. Il fait preuve d'affection et de dévouement. Toutefois, il faut savoir cerner le bon du mauvais parmi ce qu'il peut offrir.

Le Cavalier de Bâton

C'est un cavalier bien maniéré qui se présente à nous. Il est vêtu de son costume d'apparat, une fleur attachée en haut du genou. Ses cheveux sont joliment bouclés. Son cheval est blanc avec une crinière bleue. Il est recouvert d'un drapé d'apparat sur toute sa croupe. Il se tourne fièrement vers la droite, tout comme son maître. Le cavalier tient son bâton comme une épée.

Analyse : ce n'est pas une monture très dynamique que représente cette carte. Engoncé dans ses plus beaux atours, ce cavalier n'est pas là pour se battre, mais plutôt pour parader. Il fait bon usage de ses capacités matérielles. Un peu fantaisiste, il agit avec passion, et parfois fait preuve d'inconstance.

Le Cavalier de Denier

Ce cavalier avance lentement vers la droite. Il est vêtu simplement, sans armure, et tient un bâton dans sa main droite. A côté de son visage, un denier est dessiné. Son cheval avance au pas.

Analyse : le Cavalier de Denier avance posément avec assurance. Il tient son bâton, symbole de sa force individuelle et de sa volonté. Il a pleinement conscience de ses capacités, et est prêt à construire quelque chose de solide, et sur un long terme. L'imprévu lui est totalement étranger.

Les Reines

Les Reines sont des personnages apaisés, aptes à recevoir la sagesse. Elles sont nécessaires à la création. Elles aident le cavalier dans son action par leurs conseils.

La Reine d'Epée

La Reine d'Epée est assise sur un trône. Elle porte une large couronne et ses cheveux blancs lâchés. Elle tient dans sa main droite son épée à la lame rouge, et de sa main gauche fait un geste pour appuyer son discours. Son regard semble soucieux.

Analyse : c'est une femme sérieuse qui n'apprécie pas qu'on la contredise. C'est une figure autoritaire et parfois orgueilleuse. Elle demande à être entendue avant toutes décisions sous peine de se venger cruellement. Elle indique souvent un vide affectif au profit du domaine professionnel.

La Reine de Coupe

C'est une figure bien plus sympathique qui nous apparaît avec la Reine de Coupe. Elle est assise sous un dais qui retombe finement en spirale au-dessus de sa tête. Elle porte une double coiffe. De sa main droite, elle tient une sorte de sceptre blanc, et de sa main gauche une belle coupe fermée en forme de globe. Elle esquisse un léger sourire sur ses lèvres.

Analyse : cette reine semble toute dévouée aux autres. Elle tend sa coupe comme une offrande. Elle est prête à se battre pour les siens. C'est une figure altruiste sans arrière-pensée, mais qui reste assez fragile et vulnérable face aux critiques.

La Reine de Bâton

La Reine de Bâton est une figure toute repliée sur elle-même. Le visage joufflu et les cheveux épars sur ses épaules, elle relève l'un des lourds pans de sa robe. Elle tient son bâton de la main droite comme un sceptre. Ce bâton d'ailleurs est différent des autres. Il est finement sculpté et n'a plus cette forme de tronc d'arbre coupé. Son regard semble concentré sur quelque chose qui se passe hors de la carte.

Analyse : cette reine est nature, pas apprêtée. Elle ne prend pour important que son rôle de conseillère. C'est une figure intellectuelle et rigoureuse. On peut compter sur elle. Elle annonce de bonnes conclusions pour les spéculations financières. C'est aussi une femme intransigeante qui peut être jalouse et gentiment querelleuse.

La Reine de Denier

Cette reine, très différente des quatre autres, se tient quasiment debout et de profil. Elle avance lentement en direction de la gauche. Ses cheveux sont bleus et elle porte une étrange couronne recourbée vers l'arrière. Son visage est fermé. Elle semble concentrée et en pleine activité mentale. De sa main droite, elle lève un denier, et de sa main gauche, elle porte un fin sceptre noir et or.

Analyse : Cette reine, malgré sa position semi-assise, avance. Elle est douce et compréhensive. Elle agit en suivant son bon sens et son instinct maternel. Elle apporte l'équilibre, et sait gérer parfaitement ses finances et tout ce qui se rapporte au matériel. C'est une figure parfaitement complémentaire d'une figure intuitive, ou spirituelle.

Les Rois

C'est la figure de la domination à tous les niveaux. Elle est l'aboutissement de ce que les trois autres figures ont engagé et accomplit l'action.

Le Roi d'Epée

Le Roi d'Epée se tient assis fièrement sur un siège de couleur chair. Un signe en forme de hiéroglyphe, ou d'écriture énigmatique est gravé sur le bas. Il porte une riche armure et un large chapeau surmonté d'une couronne. Au niveau de ses bras sont dessinées des figures humaines. Il tient dans sa main droite un sceptre, et de sa main gauche il brandit son épée. Son regard se tourne vers la droite.

Analyse : ce roi est prêt à agir, et pleinement conscient de ses capacités. Les deux masques sur ses épaules indiquent qu'il peut intervenir de tous les côtés et que rien ne lui échappe. Sa force et son courage ne connaissent pas de limites. C'est le symbole de la réussite. S'il est mal entouré, il pourrait devenir une carte particulièrement menaçante.

Le Roi de Coupe

Le Roi de Coupe, avec le Roi de Denier comme nous allons le voir, est bien plus âgé que le Roi d'Epée et le Roi de Bâton. Il porte une barbe et une moustache blanches. Il est confortablement assis sur son trône

et regarde vers la droite. Sa tête est coiffée d'une couronne d'or enrichie de deux morceaux de tissu sur chaque côté. Il tient sa main droite sur sa hanche, et de sa main gauche il porte la coupe. Celle-ci est en forme de globe et possède une petite ouverture.

Analyse : ce roi est assez passif et ne semble pas particulièrement prêt à se lever et à partir au combat. Il est généreux et prend son rôle de roi à coeur pour aider ses sujets. Il fait volontiers don de sa personne pour venir en aide à de grandes causes. Cependant, ce n'est pas un roi très énergique, il prend son temps pour agir. Parfois, on le considère comme un roi indolent alors qu'il a un rythme d'action qui lui est propre et qui aboutit souvent positivement. C'est une carte qui renforce les aspects positifs du jeu.

Le Roi de Bâton

Avec son attirail de combat, il ressemble au Roi d'épée. Son armure semble encore plus solide et, de sa main droite, il lève son bâton comme s'il voulait le planter dans le sol. Il a une position dynamique avec son genou gauche levé.

Analyse : ce roi est déterminé et décidé à agir en toutes situations. Il prend les choses en main, c'est la figure de l'autorité. Il ne s'attache pas trop aux sentiments, mais plutôt aux relations mondaines et professionnelles qui l'enrichissent à tous niveaux, et réciproquement. Il apprécie avoir sa place dans la société et y être reconnu. C'est un arcane favorable dans le domaine professionnel et social.

Le Roi de Denier

C'est un roi original. Il porte un chapeau à la place de la couronne d'or traditionnelle et une tenue ample, avec un petit gilet bien découpé. De plus, c'est le seul à être représenté dans un contexte naturel et vallonné avec des touffes d'herbe. Il est assis sur un siège surélevé, la jambe droite croisée sur la jambe gauche. Il relève son vêtement de la main gauche et de sa main droite, tient un denier. Son visage est tourné vers la droite et il porte une barbe blanche.

Analyse : le Roi de Denier, par son absence de couronne, apparaît comme un être plus humain. Il n'est plus sur son piédestal, mais assis simplement et sa fonction est presque méconnaissable. Le fait qu'il soit représenté dans un espace naturel indique sa relation à la matière et à son intervention sur elle par son mental et sa puissance royale. C'est un roi subtil, intelligent. Il apprécie les choses matérielles et ses finances, jamais épuisées, le lui permettent allègrement.

LES NOMBRES

On néglige souvent les arcanes mineurs numéraux appelés aussi « les numérales », au profit des figures précédentes. La lecture de ces cartes abstraites n'est pas évidente. Elles interpellent par l'absence d'éléments narratifs reconnaissables. On y voit des coupes, des bâtons, des épées, ou des deniers mêlés à des végétaux. Certains pour les comprendre font appel à la numérologie, ou aux principes de la Kabbale. Dans cet ouvrage, nous voulons vous montrer que l'observation des cartes, aussi simples soient-elles, peut nous aider à leur donner un sens. Nous savons que les couleurs ne sont pas utilisées par hasard, la forme des végétaux et la position des objets non plus. Chaque carte est un petit univers, et finalement vous vous rendrez compte que l'on peut y voir de nombreuses choses...

LES AS

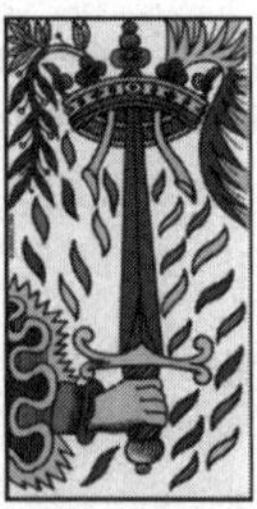

L'as d'Epée

Cette carte présente une main arrivant de la gauche. Elle tend une épée à la lame bleue surmontée à sa pointe d'une couronne, ornée de fleurs rouges et bleues et de branches d'arbre. Le fond est occupé par de petites flammes tricolores.

Analyse : comme nous l'avons vu, l'épée correspond à la volonté et à la puissance. Elle exalte ce qu'il y a de meilleur, et apporte le souffle nécessaire pour se lancer dans l'action et l'accomplissement de l'idéal auquel le consultant aspire.

L'as de Coupe

Sur cette carte, on voit une coupe majestueuse. Son large pied est surmonté d'un décor rouge et bleu, soutenant un demi -globe rouge sur lequel est posé un reliquaire rouge et or.

Analyse : la présence du globe rouge, ressemblant à l'hostie, et du reliquaire montre que cet as de Coupe relie le spirituel (reliquaire, cf. lexique) et le matériel (hostie, idem). L'ensemble s'équilibre parfaitement. Elle se rattache aussi au travail de réflexion et au temps suspendu qu'elle requiert. Elle correspond alors particulièrement à la découverte amicale, ou amoureuse. C'est une carte bénéfique qui apporte une certaine quiétude au jeu.

L'as de Bâton

Une main sortant d'un médaillon brandit le bâton vert et creux aux branches coupées. Le fond est parsemé de petites flammes blanches, jaunes, bleues et rouges.

Analyse : ce bâton représente la force, l'énergie sortant de la matière, du corps de l'homme. Elle s'offre à l'homme pour lui permettre d'accomplir des réalisations, construire son propre édifice et être armé face aux obstacles.

L'as de Denier

Cette carte présente un large médaillon central jaune, d'où sortent des tiges bleues stylisées terminées par un bouton de fleur.

Analyse : ce denier n'est pas représenté comme dans les autres arcanes mineurs. Il est entièrement jaune, et ses motifs sont dessinés en noir. Ces tiges qui montent ou descendent impliquent que la puissance du médaillon agit à tous les niveaux. Comme l'arcane majeur du Soleil, il triomphe. Il intervient pour faire révéler et éclore les idées, les projets de toutes sortes. C'est un arcane très positif.

LES DEUX

Les deux indiquent la plupart du temps une ambivalence, une hésitation entre le spirituel et le matériel, mais en même temps, en fonction du jeu, ils peuvent révéler une complémentarité, un équilibre.

Le deux d'Epée

Les deux épées représentées ne sont des épées que par leur nom. En effet, ce sont deux courbes élargies en leurs extrémités, qui se croisent en haut et en bas de la carte. Au centre sont dessinés une fleur et son feuillage coloré. Quatre boutons de fleurs sont inscrits dans les quatre angles formés par les épées.

Analyse : ces épées ne sont pas des armes. Elles sont souples, et on ne sait pas à quoi elles pourraient servir. Elles ne sont pas inscrites dans le réel, le matériel, mais elles font plutôt référence au domaine de l'abstrait, du mental. On peut remarquer également que cette carte ne peut pas être renversée puisqu'elle est symétrique. Cette carte n'est pas toujours bon signe dans un jeu. Elle marque une pause qui, si elle n'est pas suivie, peut entraîner un échec de ce qui a été engagé.

Le deux de Coupe

Le bas de la carte est coloré d'une bande rouge. Au-dessus, une tige, appelée par certains commentateurs « arbre de vie », qui se divise en deux têtes de poisson en son sommet. Au milieu se trouve une sorte de coupelle dans laquelle une fleur est éclose. Les deux poissons tentent de l'aspirer. Autour de cet « arbre de vie », deux coupes creuses sont dessinées.

Analyse : on voit dans cette carte deux axes - l'arbre central et les deux coupes. L'arbre se place entre elles deux, mais semble issu d'elles, lié à elles. La floraison est le résultat d'une fusion entre le bleu (spirituel) et le rouge (matériel). Finalement, l'âme ou « arbre de vie » s'épanouit dans une coupelle, aspirée par des poissons issus d'elle-même. C'est une activité réflexive, mentale, qui se suffit à elle-même, qui ne s'ouvre pas, pour le moment, sur l'extérieur. Cette carte peut correspondre à une relation passionnelle, enfermée dans un cocon, qui éloigne les deux du monde qui les entoure.

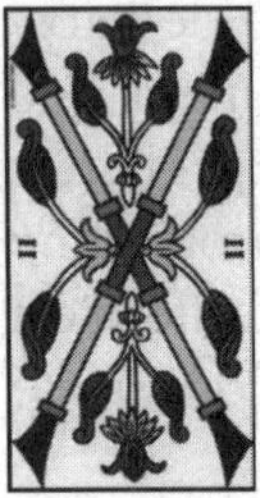

Le deux de Bâton

Cette carte est proche de celle du deux d'Épées. Les bâtons ont une forme similaire, sauf qu'ils se croisent en leur centre et ne sont pas courbes. De part et d'autre, on trouve des tiges, et en bas et en haut, un bouton de fleur.

Analyse : les bâtons restent liés au matériel, et ils se croisent au coeur de la carte,sans passer par la réflexion. Ils s'unissent ou se combattent selon le contexte, en tout cas il s'agit d'une rencontre à fort potentiel positif ou négatif.

Le deux de Denier

Un S bleu enserre la représentation des deux deniers. Sur ce S il est écrit « 1748 B.P. GRIMAUD 1930 », qui doit désigner la date de création du Tarot de Marseille tel qu'on le connaît. Les deux bouts de cette guirlande se terminent par une tige végétale identique.

Analyse : les deniers sont enfermés dans ce S, et ne peuvent faire éclater leur force. Toutefois, cette guirlande les maîtrise pour créer une floraison prochaine. Les deniers ont besoin d'être soutenus pour exprimer ce qu'ils ont en eux. Cet arcane est par conséquent lié au travail intérieur et à sa concrétisation à venir. Elle n'écarte pas d'ailleurs le soutien d'une tierce personne pour y parvenir.

LES TROIS

Ils marquent une évolution par rapport aux deux.

Le trois d'Epée

On retrouve ces deux mêmes formes courbes présentes dans la carte du deux d'Epée, mais, cette fois, au centre, est dessinée une épée à la lame couleur chair. Elle est décorée de deux branches de laurier.

Analyse : l'épée centrale tente de rompre l'ellipse formée par les deux courbes. Cette épée par sa couleur chair et son manche rouge s'inscrit dans le monde matériel. Elle vient couper la réflexion hésitante. Si elle est tirée la lame vers le haut, elle présage une confirmation de quelque chose qui était en attente. Vers le bas, elle vise la matière et la bouge pour qu'elle agisse. Selon le jeu, elle peut marquer aussi un retard dans la réalisation. Dans le cas de la maladie, elle peut freiner une guérison.

Le trois de Coupe

Trois coupes, identiques à celles que l'on trouve sur le deux de Coupe, se placent, une dans la partie supérieure, et une dans la partie inférieure de la carte. Autour d'elles est dessiné un feuillage délicat, qui

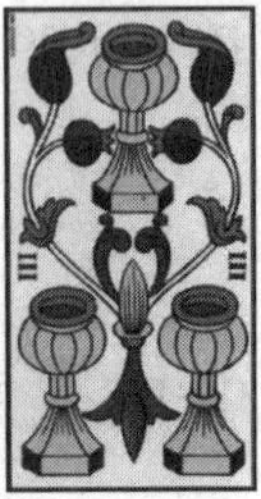

vient flanquer la coupe sommitale.

Analyse : ces trois coupes sont entourées de spirituel, mais seule la coupe la plus élevée reçoit ses fruits. Elle se nourrit en force mentale, nécessaire pour la suite. Cette carte annonce un bien-être mental, un enrichissement personnel. Cela semble être davantage lié à une période de pause, de vacances. C'est une lame particulièrement bénéfique.

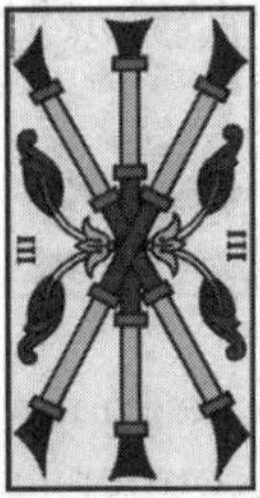

Le trois de Bâton

Il s'agit de la même carte que le deux de Bâton, excepté que les motifs floraux ont disparu. Seules les tiges latérales subsistent.

Analyse : les feuillages centraux indiquent ici la réserve de force qui a été générée. Elle indique que cette force a été canalisée et a servi pour les nourritures intellectuelles. Elle est sur le point d'être utilisée si l'on cesse d'engranger et que l'on agit.

Le trois de Denier

Les deniers ne sont plus cloisonnés, mais entourés de végétaux souples et se terminant par des boutons de fleur. Le denier supérieur semble propulsé en l'air.

Analyse : cette carte indique une sorte de révélation, un déclic. Ceci a pu être provoqué par une rencontre ou une promotion par exemple. Ce déclic réveille et pousse à agir. Ce dynamisme influe sur l'état général et est source de bien-être.

LES QUATRE

Les quatre sont liés à tout ce qui touche l'effort, le travail rigoureux et difficile.

Le quatre d'Epée

On retrouve ces épées schématiques rassemblées fermement dans la partie supérieure et la partie inférieure en croisillons bleus. Elles enserrent une tige avec deux feuilles et un bourgeon.

Analyse : cette carte présente une fleur sur le point d'éclore, mais circonscrite. Il lui manque quelque chose pour pouvoir se développer et fleurir. Cette carte correspond à un temps de gestation, voire, si la carte se raccroche à un arcane majeur, à une période de frustration. Cet arcane est un léger frein. Toutefois, si la carte est entourée d'arcanes positifs, elle peut aussi révéler une quiétude intérieure, une solitude bénéfique et studieuse.

Le quatre de Coupe

Les quatre coupes se placent aux quatre coins de la carte, séparées par une longue tige végétale bleue et rouge. Cette tige aux larges feuilles fleurit des deux côtés.

Analyse : les quatre coupes investissent tout l'espace de la carte, mais ne sont pas reliées entre elles. Elles sont séparées par la tige. Cette carte fait référence au domaine psychique, mais individualiste. Elle ne rassure pas en cas de doute.

Le quatre de Bâton

Cette lame est similaire au deux de Bâton. On retrouve la même forme de bâton stylisé. Et, sur les côtés, se développe un feuillage. Cependant, en haut et en bas de la carte, ce ne sont plus des boutons, mais des fleurs qui se sont épanouies. Les énergies engrangées se sont extériorisées et ont trouvé leur utilisation.

Analyse : c'est une carte positive, un aboutissement. Les objectifs programmés sont atteints grâce à l'énergie dégagée et à la persévérance. Le consultant doit maintenir ses efforts, continuer à agir par le travail et à développer les initiatives.

Le quatre de Denier

Les quatre deniers sont répartis deux par deux dans la partie supérieure et la partie inférieure. Des tiges végétales à bourgeon s'enroulent autour d'eux. Au centre, un rectangle rouge et bleu à fond jaune renferme une sorte de fleur de lis.

Analyse : la famille des deniers, déjà représentante

du spirituel, de la réflexion, avec ce rectangle central symbole de l'épanouissement intérieur, prend une dimension spirituelle suprême. Cette carte est la plus forte symboliquement de toutes les lames de deniers. Elle manifeste une intense activité intérieure très enrichissante. Le quatre de Denier donne la force spirituelle nécessaire à l'action, c'est une carte motrice spirituellement. Elle apporte la force de caractère, la confiance. Elle peut cependant gonfler les certitudes et empêcher certaines remises en question, pourtant nécessaires pour résoudre certains conflits.

LES CINQ

Ils sont souvent synonymes d'énergies incontrôlées et de potentiels parfois gâchés.

Le cinq d'Epée

Semblable au trois d'Epée, le cinq d'Epée présente quatre épées schématiques et une épée centrale, dont le bout de la lame ressort dans la partie supérieure de la carte. Dans les angles formés par ces épées, on retrouve quatre bourgeons.

Analyse : cette carte marque la volonté de sortir d'une situation inextricable. L'épée qui se dégage de ces liens y parvient tant bien que mal. Seul le bout de son manche y parvient. Doit-on poursuivre dans cette voie, ou s'arrêter et laisser les choses se régler d'elles-mêmes ? La lutte semble être vaine et, sauf si une carte du jeu l'encourage, le conseil de cette lame serait de ne pas insister. On pourrait rappeler ce proverbe : « c'est le plus intelligent qui cède ».

Le cinq de Coupe

Les cinq coupes se répartissent sur la carte. Plusieurs tiges avec des bourgeons, des fleurs et des feuilles occupent le reste de l'espace.

Analyse : les deux coupes du bas symbolisent l'état à maturité du subconscient du consultant. Elles ne sont pas en relation directe avec les autres coupes. Entre elles, il n'y a pas d'interférences. Les coupes du haut sont isolées, mais une tige bourgeonnante se développe à leur côté. Le consultant vit une période de remise en cause et cherche avec difficulté à puiser dans ses ressources personnelles. C'est une carte qui est guidée par la passion et parfois les erreurs de jugement. Cette période ne devrait pas durer, et permettra finalement au consultant d'y voir plus clair.

Le cinq de Bâton

Cette carte est composée des quatre bâtons stylisés du quatre de Bâton, et d'un bâton central qui donne une impression de stabilité.

Analyse : ce cinq de Bâton est le plus positif des arcanes mineurs du chiffre cinq. Il indique que l'équilibre est trouvé, après un certain temps d'adaptation. Le consultant, malgré toutes les conditions nécessaires réunies, ne pouvait jusqu'alors rien entreprendre par un déséquilibre intérieur, un manque de confiance. Cette lame marque l'apaisement retrouvé.

Le cinq de Denier

Ces deniers donnent l'impression de graviter librement dans l'espace de la carte. Une tige végétale plus simple que ce que l'on voit sur les autres cartes grimpe vers la partie supérieure de la carte.

Analyse : on sent que cette carte indique une certaine activité. De façon stable ou instable, les arcanes majeurs le révèleront. Cette carte peut accompagner celui qui sera dans une période de sollicitations multiples en lui rappelant la nécessité de faire des choix qui correspondent à son rythme de vie. Cette carte peut présager aussi des troubles non pas directement liés au consultant, mais qui auront un impact sur son quotidien.

LES SIX

Le chiffre six correspond à une quête, un désir de paix intérieure. Il est lié à l'art, aux sentiments, à l'affectif.

Le six d'Epée

A nouveau, on voit les six épées schématiques

qui, malgré leur aspect, nous inspirent une certaine stabilité. Elles renferment une fleur éclose.
Analyse : l'activité intellectuelle du consultant semble particulièrement active. Elle renforce une certaine confiance en soi, et permet d'agir.

Le six de Coupe

Les coupes sont alignées les unes après les autres pour occuper toute la carte. Une longue tige végétale bourgeonnante coupe le centre de la carte en deux.
Analyse : rapport avec le passé qui resurgit dans le présent. Ce retour du passé nécessite de faire des choix sinon il y a un risque de crise personnelle profonde. Si la carte complète un arcane négatif, elle peut faire référence à une difficulté de rompre avec la famille, ou une relation amoureuse trop fusionnelle. Il est nécessaire de réagir et de refuser l'étouffement.

Le six de Bâton

On retrouve les bâtons schématiques. Au sommet et dans la partie inférieure, deux fleurs s'épanouissent.
Analyse : cette carte dégage une énergie positive. Elle marque un avancement, une reconnaissance. L'énergie accumulée commence à servir. S'il est mal entouré, cet arcane mineur peut révéler l'influence néfaste d'une personne. Un accomplissement qui arrive plus tard que prévu.

Le six de Denier

Les deniers s'équilibrent parfaitement sur cette carte : quatre au centre, un en bas, et un en haut. Les végétaux sont disposés de façon harmonieuse également.
Analyse : cet arcane marque une entente cordiale avec l'entourage, une ouverture vers les autres particulièrement profitable. C'est aussi une période de générosité. Par contre, s'il est mal entouré, il peut être aussi synonyme de partages forcés de biens financiers ou matériels.

LES SEPT

Ce chiffre se rapporte en général à l'harmonie, à l'équilibre, mais parfois il marque une contradiction comme on va le voir avec l'épée.

Le sept d'Epée

Proche du 3 et du 5 d'Epée, le sept d'Epée présente des épées stylisées avec au centre une épée conventionnelle.
Analyse : cet arcane évoque l'instabilité, l'opposition, parfois même la rupture abrupte. Toutefois, si on dépasse ces querelles, cette lame prédit une association fructueuse. Si cette carte est mal entourée, elle présage une période difficile du point de vue des relations avec les autres. Elle peut être liée à une trahison, une vengeance.

Le sept de Coupe

L'espace intérieur est moins exploité que les sphères supérieures et inférieures de la carte. C'est la carte de la légèreté.

Analyse : le centre de la carte quasi vide symbolise la légèreté du mental. Le coeur n'a pas d'attaches, il rêve, se lance dans des aventures sans se soûcier du lendemain. Ce comportement marque une certaine tranquillité, un esprit joyeux. C'est une carte qui favorise toutefois le domaine spirituel et l'esprit créatif. Si elle est mal entourée, elle risque de dégénérer de manière trop extrême vers les paradis artificiels de la drogue, ou de l'alcool. Une fuite du quotidien.

Le sept de Bâton

Cette carte est semblable au 3 et au 5 de Bâton.

Analyse : ce qui a fait l'objet du 3 et du 5 de Bâton se trouve là exacerbé. La réussite se confirme et le moment est parfait pour concevoir d'autres projets. Cette carte situe aussi le consultant dans une période d'évaluation, de compte-rendu. Si la carte est mal entourée, elle peut se rapporter à l'indécision, à la peur de réussir qui conduit finalement à l'échec.

Le sept de Denier

Les deniers se concentrent sur la partie supérieure de la carte.

Analyse : Les attentes financières escomptées n'aboutissent pas comme prévu malgré l'investissement qui a été fait en amont. Cette lame peut même annoncer des difficultés financières assez conséquentes qui vont nécessiter beaucoup d'efforts. C'est une carte qui favorise toutefois le domaine spirituel et l'esprit créatif.

LES HUIT

Ce chiffre est lié au changement, aux grandes questions humaines, à la mort et à la place du consultant dans le monde, à sa vie.

Le huit d'Epée

Avec cette carte, on a l'impression que l'étau se resserre. Les épées se rejoignent et s'éloignent.

Analyse : cette carte insiste sur ce sentiment d'être dans une voie sans issue, comme pris au piège. Elle correspond à une période difficile moralement, à un sentiment de découragement. Par contre, si la carte est retournée, elle peut correspondre au contraire à une possibilité d'ouverture, d'un appui extérieur qui peut aider à avancer.

Le huit de Coupe

On sent un vide au niveau du centre de la carte. Il est comblé par des végétaux en bourgeons.

Analyse : cette lame marque un moment de tristesse profonde, de souffrance liée à une rupture amoureuse. Une désillusion, la découverte de quelque chose d'insoupçonné, une grande déception.

Le huit de Bâton

Les bâtons sont dessinés de manière parfaitement équilibrée, presque rigide. Les parties basses et hautes sont ornées d'une fleur éclose.

Analyse : c'est la carte de la rapidité, du mouvement et de la nécessité du déplacement pour atteindre ses objectifs. Les initiatives, les objectifs sont atteints. Toutefois, en présence de cartes négatives, elle peut renforcer les traits, et devenir un frein.

Le huit de Denier

Les deniers s'équilibrent, l'harmonie règne sur l'espace de la carte.

Analyse : cette carte marque un état de paix et de quiétude favorable à des discussions, des évaluations. C'est un moment propice aussi au perfectionnement, à l'apprentissage.

Par contre, si cette carte est inversée elle rime avec frustration, désillusion dans le domaine professionnel.

LES NEUF

Le chiffre neuf correspond à l'aboutissement, à la phase finale d'un processus.

Le neuf d'Epée

Carte proche des chiffres impairs des épées : les épées schématiques en diagonale et une épée centrale.

Analyse : cette carte correspond à une phase douloureuse de la vie. Elle correspond aux troubles, à la crainte, à divers ennuis fâcheux, c'est un peu la carte de la malchance, des entraves. Renversée, cette carte marque le retour à la normale, à l'apaisement.

Le neuf de Coupe

C'est quasiment la même carte que le huit de coupe. Il y règne une harmonie paisible.

Analyse : c'est une carte joyeuse. Elle annonce des issues favorables, des souhaits attendus qui s'exaucent, de belles réussites. Mal entourée, elle peut au contraire rimer avec manque d'humilité, instabilité émotionnelle.

Le neuf de Bâton

Plus épurée que les autres cartes de bâton, celle-ci marque une prudence, l'attention ultime avant l'aboutissement. Il faut se méfier avant de conclure, faire attention à qui l'on s'entoure et ne pas accorder une confiance trop aveugle. C'est la carte qui permet le recul avant la fin d'un projet par exemple.

Le neuf de Denier

Les neuf deniers s'accumulent et l'on sent une satisfaction.

Analyse : cette carte renforce la consolidation des acquis, un succès, une situation financière plus prospère que prévu. Elle prédit aussi une notoriété future.

LES DIX

Le dernier chiffre de la dernière série des numérales, il correspond à la fin et au commencement. Les dés sont à nouveau jetés, et on reprend une nouvelle route.

Le dix d'Epée

Les épées sont entremêlées inextricablement, si bien que l'on ne parvient pas tellement à les distinguer.

Analyse : c'est la carte obscure. Elle prédit des rebondissements, des changements qui peuvent être très douloureux. Ces événements vont obliger à entamer des réflexions, des remises en cause pour y voir plus clair.

Le dix de Coupe

La partie supérieure (le spirituel) prime dans cette carte. Une coupe d'une dimension plus grande que les autres les couronne.

Analyse : le dix de Coupe est la carte de la réussite affective, de la sérénité de l'esprit. C'est la carte aussi de la douceur, de l'affection parentale et amicale. Les associations sont favorisées.

Le dix de Bâton

Les bâtons schématiques barrent la carte dans toute sa longueur.

Analyse : l'issue est difficile à percevoir, les entraves se multiplient, l'augmentation du travail, des responsabilités, imposent une pression lourde à porter. Il faut savoir déléguer et se défaire des missions ingérables tout seul. Des propositions de voyages apparaissent aussi.

Le dix de Denier

Les dessins des deniers forment ensemble une belle carte. Les végétaux se glissent légèrement entre eux.

Analyse : tout comme le neuf de denier, le dix annonce une belle réussite financière. L'abondance, l'opulence de biens matériels sont au rendez-vous pour la famille et l'entourage proche. C'est une période particulièrement faste de ce côté-là.

CONCLUSION

Cet ouvrage vous a ouvert la voie vers la connaissance du Tarot de Marseille. L'ensemble de ces figures et de ces objets abstraits et symboliques représente le travail de tout homme pour trouver sa place dans le monde. Il traverse des épreuves. Il connaît des moments de gloire. Et, finalement, il ne s'arrête jamais de faire tourner la Roue de la Fortune.

Que l'on considère que le Tarot de Marseille provienne de l'enseignement d'un dieu des pharaons, ou d'un groupe de moines, ces images rassemblent divers courants de pensée qui ont aidé et aident toujours l'homme à surmonter les difficultés de la vie. Ces grands mouvements idéologiques qui fleurissent à l'approche d'un millénaire rassurent et donnent l'espoir d'un lendemain meilleur.

Si vous vous intéressez à ce livre pour vous-même, par simple curiosité, ou si vous souhaitez vous investir et apprendre ces arcanes pour pouvoir tirer les cartes, sachez que ce livre vous est personnel. Tout au long de sa lecture, vous avez peut-être fait des corrélations avec telle ou telle image, ou représentation vue sur un tableau. Un personnage ou une scène ont peut-être fait germer en vous des idées plus intimes. Toutes ces impressions nourrissent un peu plus la source inépuisable qu'est le Tarot de Marseille. Avec vos annotations, ce livre s'en trouvera encore plus enrichi. Vos expériences de consultation vous le rappelleront. Le tarot est un voyage intérieur pour le consultant et celui qui consulte. L'humilité et l'ouverture aux autres sont les clefs pour s'y aventurer.

LEXIQUE

Addition théosophique : addition arithmétique de tous les chiffres depuis l'unité jusqu'au nombre dont on veut connaître la valeur secrète.

Allégorie : en iconographie, figure peinte ou sculptée représentant une idée abstraite, ou un objet : par exemple la Mort sous la forme d'un squelette.

Arcanes : du latin *arca* signifiant « coffre, cassette ». Qui se rapporte au secret, au mystère, les arcanes du corps humain par exemple.

Cartomancie : la divination par les cartes à jouer. Cette méthode de divination serait apparue durant le XVIIIe siècle, en lien avec le mouvement franc-maçon. Elle fut à son apogée avec sa grande représentante Adélaïde Lenormand au début du XIXe siècle. On utilise les jeux à 32 cartes, mais aussi le jeu à 52 cartes. Pour le tarot, on parle de taromancie.

Les cathares : du grec *katharos* « pur », mouvement religieux issu du christianisme qui serait né à la fin du Xe siècle en Europe de l'Est. Ce sont des « dualistes ». Pour résumer, ils pensaient que le monde était divisé en deux : l'un bon, œuvre de Dieu, monde éternel et invisible, l'autre mauvais œuvre du Diable, visible et mortel. On les poursuivit et on les persécuta pour hérésie au XIIe et XIIIe siècle.

Croix de Malte : un emblème utilisé notamment par l'Ordre des chevaliers de Malte. Cette croix, dont l'origine remonte peut-être aux Phéniciens, est un très ancien emblème des chrétiens d'orient, sous la forme d'une croix blanche à huit pointes, dont on disait qu'elle représentait les huit béatitudes du Christ.

Evangélistes : il s'agit de St Matthieu, St Marc, Saint Luc et Saint Jean, les quatre apôtres qui ont rédigé par écrit la vie et la doctrine de Jésus Christ.

Franc-maçonnerie : d'origine obscure, ce groupement rassemble des membres ou frères, qui se doivent l'entraide mutuelle. Son enseignement est composé de rituels, de symboles compréhensibles par les seuls initiés. Le but de tous ses membres est d'oeuvrer au bien-être de l'humanité et de progresser spirituellement et moralement.

Dais : du grec *diskos* disque, plateau. Structure en tissu et/ou en bois, placée au-dessus d'un autel ou d'un trône. Elle symbolise souvent le ciel, si bien que lorsque le roi s'assoit sur son trône, il devient le seul intermédiaire entre la terre et le ciel.

Géomancie : méthode divinatoire qui repose sur l'observation du paysage, des phénomènes naturels.

Hostie : du latin *hostia*, victime que l'on offre pour réparer une faute. Pour les chrétiens, c'est le pain que l'on mange lors de la messe, avec le vin, en sacrifice. Elle symbolise le corps du Christ.

Isis : déesse protectrice de la mythologie égyptienne. Elle apparaît sous les traits d'une femme portant les cornes de la vache. C'est une figure proche de la Junon romaine, et de la figure de la Papesse que l'on trouve dans le tarot.

Junon : épouse de Jupiter, le roi des dieux, déesse protectrice et symbole du mariage. C'est une figure similaire à la figure de la Papesse dans le tarot. Cette comparaison peut être faite, car, à l'époque médiévale, on s'inspire de certaines figures de l'Antiquité gréco-romaine.

Kabbale ou cabale : de l'hébreu *kabbalah* « réception, tradition ». Doctrine à la fois théologique et philosophique, née vers le IIème siècle de notre ère. C'est la Loi orale secrète qu'aurait donnée Yahvé (Dieu de l'Ancien Testament) à Moïse en même temps que la Torah. Cette Loi serait déchiffrable à travers des signes, des symboles mystiques dans l'Ancien Testament. Ses adeptes la considèrent comme un outil pour comprendre le monde.

Mandorle : de l'italien *mandorla* « amande ». Ce terme est utilisé pour parler d'une figure de forme ovale dans laquelle s'inscrivent des personnages sacrés comme le Christ, la Vierge Marie, les Evangélistes. On dit alors que ces personnages sont « en gloire ». On trouve cette forme dans l'arcane majeur du Monde.

Nimbé : du latin *nimbus* « nuée ». Auréole, cercle lumineux, représenté autour de la tête des anges, des saints, ou de la figure divine. Il existe des nimbes carrés, ronds ou en forme de croix.

Ordre des Temples, appelé aussi « les templiers » : ordre religieux et militaire indépendant fondé au début du XIIe siècle. Ces chevaliers religieux se donnaient pour mission de protéger les pèlerins en route vers Jérusalem, menacés par les Croisades. Ils participèrent également aux guerres saintes à travers un réseau de commanderies (des sortes de monastères indépendants). Leur puissance acquise au retour des guerres saintes (financière entre autres) attirant la convoitise des souverains, l'Ordre fut anéanti, à la fin du XIIIème siècle, sous prétexte d'hérésie.

Reliquaire : boîte, coffret, ou cadre dans lesquels on fixe des reliques, restes de corps d'un personnage saint, comme ses ossements, ses cheveux, des bouts de ses vêtements. Ces restes étaient souvent à l'origine de la construction d'une église, ou d'une chapelle. On les plaçait alors dans le choeur de l'édifice une fois bâti. Ces reliques conféraient un caractère sacré au lieu et des pèlerins venaient de toute l'Europe pour les vénérer.

Subconscient : en psychanalyse, ensemble de phénomènes différents de l'inconscient. Le subconscient d'une personne représente l'ensemble des phénomènes dont il n'a pas conscience, mais qui interviennent dans des processus mentaux comme la rêverie, la distraction, l'habitude. Les lames du Tarot de Marseille font parfois référence à ce processus mental.

Taromancie : la divination par les cartes du tarot.

Thot : dieu de la sagesse, des sciences occultes et des devins dans la mythologie égyptienne antique. Il a une tête d'oiseau et tient une plume. C'est le scribe des dieux. Il aurait transmis à l'humanité l'écriture, les langues et le fameux livre de Thot offrant aux hommes le pouvoir d'atteindre le rang divin.

Tiare : coiffure non liturgique, à triple couronne (pouvoir terrestre sur les États pontificaux, pouvoir spirituel sur les âmes, pouvoir moral sur les princes). Elle n'est plus portée depuis Paul VI. Dans la première version publiée des armoiries pontificales de Benoît XVI, elle était remplacée par une mitre ; depuis, le Vatican a, en certaines occasions, utilisé une version avec tiare, bien que la version avec mitre semble la plus officielle.

Tonsure : couronne faite sur la tête des ecclésiastiques par rasage des cheveux.

Bibliographie

Elie ALTA, *Le Tarot de Marseille, la science des signes restituée*, Ed. Axiome, 1999

Jean de BREVILLE, *Le Tarot de Marseille, guide d'interprétation*, Ed. De Bressac, 1998

Jean CHEVALIER, Alain GHEERBRANT, *Dictionnaire des symboles : mythes, rêves, coutumes, gestes, formes, figures, couleurs, nombres*, Ed. Bouquins Robert Laffont, 1997

Claude DARCHE, *La maîtrise du Tarot de Marseille*, Ed. du Rocher, 2003

Claude DARCHE, *Tirage et interprétations du Tarot de Marseille*, Ed. Dangles, 1997

Jean DAUBIER, *Le Tarot de Marseille, une réponse à toutes vos questions*, Ed. De L'Olympe, 1996

Katherine DEBELLE, *S'initier facilement au Tarot de Marseille, guide pratique, initiation, divination, interprétation, techniques de tirages*, Ed. Trajectoire, 2001

Noël EGMAN, *Le Tarot de Marseille : laissez-vous guider*, Ed. Thélès, 2006

Gisèle FREYSSINET, *Le Tarot de Marseille*, Ed. Ari Zal, 1994

Paul MARTEAU, *Le Tarot de Marseille*, Ed. Arts et Métiers Graphiques, 1949

Claude de MILLEVILLE, *Le secret du tarot, le tarot démystifié*, Ed. Flammarion, 2003

PAPUS, *Le tarot des Bohémiens*, Ed. Dangles, 1990

PAPUS, *Le tarot divinatoire : clef du tirage des cartes et des sorts*, Ed. Dangles, 1999

Carole SEDILLOT, *Ombres et lumières*, Ed. Sand, 1997

Colette SILVESTRE, *ABC de la symbolique dans le Tarot de Marseille*, Ed. Grancher, 2005

Guillaume UGERIN, *Le Tarot de Marseille, nouvelle interprétation*, Ed. De Vecchi, 1992

Oswald WIRTH, *Le tarot des imagiers du Moyen Âge*, Ed. Sand, 1984

Dans la collection Poche Esotérisme

Rendez-vous avec la voyance

Nos anges gardiens

L'astrologie chinoise

Dans la collection Poche Développement Personnel

Le jardin secret de Vénus

Manuel pratique des amants sensuels

Vos rêves érotiques dévoilés

Votre sexualité épanouie

Du même auteur

L'astrologie chinoise (2007, Ed. Anagramme)